EDITORIAL

»… vielerorts zischt und brodelt es, schießen Geysire aus der Erde und dampfen heiße Quellen.«

*Zu seinen Fotoreisen in die ganze Welt startet **Gerald Hänel** von Hamburg aus. Bei diesem Island-Auftrag war er im Hinblick auf die Witterungsbedingungen zunächst skeptisch, dann jedoch bald begeistert von der Natur Islands.*

*Der in Berlin lebende Reisejournalist **Christian Nowak** hat ein Faible für Nordeuropa. Unzählige Artikel und mehr als 40 Reiseführer über Norwegen, Island, das Baltikum und viele andere Ziele sind von ihm erschienen.*

Liebe Leserinnen, liebe Leser!

Zugegeben, für Sonnenanbeter ist Island nicht unbedingt das richtige Reiseziel. Für Naturliebhaber schon, schwärmte Christian Nowak, der Autor dieses DuMont Bildatlas. Bei einem Treffen auf der ITB (Internationale Tourismusbörse in Berlin) berichtete er begeistert von seiner Recherchereise im Campmobil, die ihn im Sommer zuvor rund um die gesamte Insel geführt hatte. Er war allein unterwegs gewesen, hatte an manchen Tagen keinen Menschen gesehen und es genossen, sich eins zu fühlen mit der grandiosen Natur.

Es zischt und brodelt

Island ist ein noch im Entstehen begriffenes Land. Viele aktive Vulkane schlummern unter der urtümlichen Landschaft, vielerorts zischt und brodelt es, schießen Geysire aus der Erde und dampfen heiße Quellen. Zu den Highlights, von denen Christian Nowak erzählte, gehört das Baden in Hot Pots, in Naturpools mit angenehm warmem Thermalwasser. Das sei im Hinblick auf Entspannung unübertroffen, schwärmte er. Aufgewärmt und voller neuer Energien, kann man dann wieder durchstarten zu Wanderungen entlang der einsamen Fjorde, zu Gletschertouren, zu Tauchabenteuern oder auch zum Whale-Watching-Trip (DuMont Aktiv Tipps Seite 5).

Island zum Schnupperpreis

Mit seiner Island-Begeisterung hat mich Christian Nowak angesteckt – und ich bin fest entschlossen, meine Reiseeindrücke von der Insel hoch im Norden aufzufrischen, nicht zuletzt weil sich Reykjavík zu einer quirligen und spannenden kleinen Metropole gemausert hat, wie wir Ihnen im ersten Kapitel zeigen. Mittlerweile gibt es übrigens das ganze Jahr über äußerst attraktive „Schnupperreisen" in die isländische Hauptstadt – sie machen, da bin ich mir sicher, Lust auf „mehr Island".
Herzlich

Ihre
Birgit Borowski

Birgit Borowski
Programmleiterin DuMont Bildatlas

48 Einsam zeigt sich die Halbinsel Snæfellsnes, wo der Wind mit den Mähnen der Islandpferde spielt.

110 Björk war die Erste, die mit ihrer Band „The Sugarcubes" auch jenseits der Insel musikalisch für Furore gesorgt hat.

68 Von den Ufern des Mývatn reicht der Blick weit über die Vulkanberge.

Impressionen

8 Erste Eindrücke von einem Land, über das Max Frisch schrieb, hier fände man eine Welt wie vor der Erschaffung des Menschen: „Rings um die Fjorde die waagrechten Berge, diese immergleichen Basalt-Tafeln, die Halden hinunter ins Meer sind grün ... Mancherorts ist nicht zu erraten, welches Erdzeitalter das ist."

Reykjavík und der Südwesten

24 **Die nördlichste Hauptstadt der Welt**
In der „Rauchbucht" (Reykjavík) leben schon seit mehr als tausend Jahren Menschen. Reykjavík selbst aber ist eine junge Stadt.

DUMONT THEMA
40 **Saubere Energie im Überfluss**
Atomkraftwerke, CO2-Emissionen – selbst steigende Öl- und Gaspreise sind in Island keine Themen, mit denen man Politik machen kann. Denn das Land ist weltweit führend in der Nutzung sauberer Energien.

44 **Straßenkarte**
45 **Infos & Empfehlungen**

Snæfellsnes und die Westfjorde

48 **Einsame Fjorde und ein magischer Vulkan**
Die markanteste Landmarke Westislands ist die weit ins Meer reichende, von dem schneebedeckten Vulkan Snæfellsjökull gekrönte Halbinsel Snæfellsnes. An den Westfjorden regiert die Einsamkeit.

DUMONT THEMA
58 **Leben über dem Hot Spot**
Geologisch betrachtet befindet sich Island noch im Babyalter. Die Insel verändert sich ständig, vor allem durch Vulkanausbrüche.

64 **Straßenkarte**
65 **Infos & Empfehlungen**

BEST OF ...

UNSERE FAVORITEN

22 **Strick & Schmuck & Schokolade**
Island ist nichts für Powershopper, aber für Ästheten mit Bodenhaftung.

62 **Isländischer Badespaß**
Wo Thermalwasser überall aus dem Boden quillt, fällt das Entspannen leicht.

92 **Die ungewöhnlichsten Ausflüge**
Schon einmal in einen Vulkankrater abgestiegen? Hier bietet sich die Chance!

INHALT
4 – 5

72 Nahe dem Polarkreis: Nirgendwo sonst kann man besser Wale beobachten als in Húsavík.

Der Vatnajökull und die Südküste

98 **Feuer und Eis**
Die Südküste liegt im Schatten des riesigen Vatnajökull.

DUMONT THEMA
110 **Björk & Co.**
Die Sängerin Björk hat die isländische Musik international salonfähig gemacht.

112 **Straßenkarte**
113 **Infos & Empfehlungen**

Anhang

116 **Service – Daten und Fakten**
121 **Register, Impressum**
122 **Lieferbare Ausgaben**

Akureyri und der Norden

68 **Nahe dem Polarkreis**
Der Norden Islands bietet viel Abwechslung: Akureyri lockt mit Kleinstadtflair, der Mývatn mit vulkanischen Phänomenen, die Küste mit Walen.

DUMONT THEMA
78 **Walfang – ein heikles Thema**
Trotz Protesten von EU, Tierschützern und Touristen lässt Island vom Walfang nicht ab. Ökonomisch ist der aber schon längst nicht mehr sinnvoll. Die Fronten sind verhärtet.

80 **Straßenkarte**
81 **Infos & Empfehlungen**

Die Ostfjorde und der Nordosten

84 **Eine vielfingrige Küste**
Winzige Orte mit bunten Häusern drängen sich an die schmalen Uferstreifen der weit ins Land hineinragenden Fjorde.

94 **Straßenkarte**
95 **Infos & Empfehlungen**

DuMont Aktiv

Genießen   Erleben   Erfahren

47 **Zwischen den Kontinenten**
Wandern, schnorcheln und tauchen im Þingvellir-Nationalpark

67 **Immer an der Kante entlang**
Wandern am Látrabjarg zu den Seevogelkolonien

83 **Die Riesen der Meere**
In „Europas Hauptstadt der Walbeobachtung"

97 **In den bunten Bergen**
Exkursion am Borgarfjörður

115 **Tour im Eis**
Gletscherwandern am Sólheimajökull

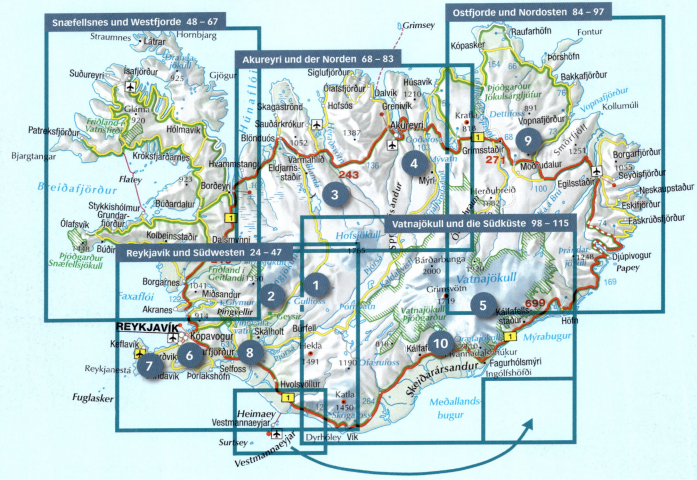

Topziele

Die bedeutendsten Sehenswürdigkeiten und Erlebnisse, die keinesfalls versäumt werden sollten, haben wir auf dieser Seite zusammengestellt. Auf den Infoseiten sind sie jeweils als **TOPZIEL** *gekennzeichnet.*

NATUR & VULKANISMUS

1 Gullfoss: Der Goldene Wasserfall stürzt sehr fotogen in zwei Stufen, die im 90-Grad-Winkel zueinander stehen, in eine tiefe Schlucht. Seite 47

2 Strokkur: Mit seinen regelmäßigen Ausbrüchen erfreut der Geysir Strokkur im Thermalfeld Haukadalur die Zuschauer. Seite 46

3 Hveravellir: Das beeindruckende Thermalgebiet im Hochland besteht aus zwanzig unterschiedlichen heißen Quellen und einem natürlichen Hot Pot. Seite 81

4 Mývatn: Rund um den Mückensee, der für sein reiches Vogelleben bekannt ist, kann man bequem alle vulkanischen Formen bewundern. Seite 83

5 Jökulsárlón: Die weißen, schwarzen und blauen Eisberge dieser schönsten Gletscherlagune Islands geben eine fantastische Kulisse vor dem Breiðamerkurjökull. Seite 113

GENIESSEN

6 Lækjarbrekka: Hier werden isländische Spezialitäten auf höchstem Niveau im passenden Rahmen serviert. Seite 46

ERLEBEN

7 Blaue Lagune: Eine der berühmtesten und teuersten Möglichkeiten, in einem Natur-Thermalbad zu baden. Es lohnt sich! Seite 46

8 Íshestar Reitzentrum: Das Glück der Erde erlebt man (nicht nur, aber auch) hier bei Hafnarfjörður auf dem Rücken der Pferde. Seite 46

9 Jökulsárgljúfur: Die tiefe Schlucht des vom Vatnajökull gespeisten Jökulsá á Fjöllum, der Dettifoss und die Ásbyrgi-Schlucht bilden die Höhepunkte des Vatnajökull-Nationalparks. Seite 95

10 Skaftafell: Hier ist man den Gletscherzungen des riesigen Vatnajökull ganz nah. Seite 113

Stadt der Wale

Das einst von Wikingern bewohnte Städtchen Húsavík, zu deutsch „Häuserbucht", liegt an der Nordküste Islands. Von hier aus stechen Schiffe in See, um Gästen die Publikumslieblinge aus dem Reich der Meere zu zeigen: Wale und Delfine.

Leuchtfeuer der Kultur

Konzerthaus Harpa in Reykjavík, entworfen vom dänischen Architektenbüro Henning Larsen, ist dank der vom isländischen Künstler Ólafur Elíasson gestalteten Fassade berühmt: Deren 956 Glasbausteine sind sechseckigen Basaltsäulen nachempfunden, die man in Islands Natur so oft findet.

IMPRESSIONEN
10 – 11

Landschaft im Rohzustand

Der Bláhnúkur ist ein knapp tausend Meter hoher Vulkan im isländischen Hochland. Zwischen ihm und dem Lavafeld Laugahraun liegt die Schlucht Grænagil, durch die mehrere markierte Wanderwege führen. Hier kann man sich auch auf den „Weg der heißen Quellen" (isländisch Laugavegur) machen, den berühmtesten Trekkingpfad der Insel.

Am Gletschersee Jökulsárlón

Am Südrand des Vatnajökull – dem Volumen nach der größte Gletscher Europas – bieten die Ufer des Gletschersees Jökulsárlón auch Mountainbikern eine eisige Rast. Diese faszinierende „Location" diente schon mehrfach als Schauplatz aufwendiger Hollywoodfilme, darunter zwei James-Bond-Filme.

IMPRESSIONEN
14 – 15

Feuer und Eis

Island ist geologisch gesehen jung und seine Landschaft vielerorts in einem permanenten Wandel begriffen. An kaum einer Stelle Europas kommt man den Schöpferkräften der Erde so nahe. Hier ein Blick aufs Holuhraun-Lavafeld, das 2014/2015 seine Glutströme in die Gletscherwelt des Vatnajökull schickte.

IMPRESSIONEN
16 – 17

Islands Glückssterne

„Einem jeden, der sie reitet, / naht sein Glückstern sich im Raum. / Leid verweht, das Leben gleitet / leicht dahin, ein schöner Traum" (Páll Ólafsson): Schon die Wikinger brachten ihre zähesten Pferde mit, als sie die Insel im 9. Jahrhundert besiedelten. Um sich im Bedarfsfall – beim jährlichen Schafabtrieb etwa – blind auf die Tiere verlassen zu können, züchteten die Isländer eine ganz spezielle Rasse, zu der sie ein besonders inniges Verhältnis haben. „Gæðingur" – „Traumpferd" – nennen sie deren edelste Exemplare.

Wo die Heidengötter fielen

Seinen Namen – „Götterfall" – verdankt der Goðafoss dem Sprecher des Althing (so heißt seit 930 die Volksvertretung Islands), Thorgeir. Dieser soll hier im Jahr 1000 die Statuen seiner bisherigen Hausgötter in den Fluss geworfen haben, nachdem sich das Althing zum Christentum bekannt hatte. Der Grund für diese Bekehrung soll übrigens weniger ein religiöser, als ein recht pragmatischer gewesen sein: Der norwegische König Olaf hatte den Isländern, sollten sie sich weigern, mit einem Holzembargo gedroht, was einem Ende des für sie lebenswichtigen Schiffsbaus gleichgekommen wäre.

IMPRESSIONEN
20 – 21

UNSERE FAVORITEN

Die besten Shoppingadressen

Strick & Schmuck & Schokolade

Island ist kein klassisches Shoppingparadies, dafür sind die Preise zu hoch und das Angebot zu klein. Doch wer ein wenig sucht, findet hochwertiges Kunsthandwerk und sogar eine Schokoladenmanufaktur. Der Klassiker schlechthin ist aber nach wie vor der Islandpullover.

1 Islandpullover

Was gibt es Schöneres und Typischeres als einen Islandpullover? In fast jedem Souvenirgeschäft bekommt man sie, doch nirgendwo ist die Auswahl größer als im Laden der Kooperative der isländischen Strickerinnen in Reykjavík. Hier gibt es jede Größe und Farbe und natürlich auch Mützen, Schals und Handschuhe aus isländischer Wolle.

Handprjónasamband Íslands, Reykjavík
Skólavörðustígur 19
Tel. 55 2 18 90
www.handknitted.is
Mo.–Sa. 9.00–18.00,
So. 10.00–18.00 Uhr

2 Ljómalind

Mehrere Isländerinnen betreiben diesen Laden und bieten hier ein buntes Sortiment an. Hauptsache die Produkte sind biologisch, nachhaltig und authentisch. Neben Obst und Gemüse aus Island findet man hier auch Gestricktes und Kunstgewerbe. Eine kleine Fundgrube mit Überraschungseffekt.

Ljómalind, Borgarnes
Brúartorg 4
Tel. 437 14 00
www.ljomalind.is
tgl. 10.00–18.00, im Winter
12.00–17.00 Uhr

3 Blue Lagoon Kosmetik

Ein Bad in der berühmten Blauen Lagune macht Spaß, tut aber auch der Haut gut, vor allem, wenn man unter Schuppenflechte oder Neurodermitis leidet. Verantwortlich für die – offenbar wissenschaftlich nachgewiesene – entzündungshemmende Wirkung ist die Mischung aus Kieselsäuregel, geothermalen Mineralsalzen und blaugrünen Algen. Auch eine Kosmetiklinie setzt auf die Wohltaten aus dem Thermalwasser: Im Shop Skincare der Blauen Lagune bekommt man unter anderem das Blue Lagoon Purifying Shampoo (Schuppen-Shampoo), die Blue Lagoon Moisturizing Cream (Feuchtigkeitscreme) und die Blue Lagoon Intensiv Cream.

Blue Lagoon
Grindavík
Tel. 420 88 00
www.bluelagoon.com
tgl. 7.00–23.00, im Winter
8.00–21.00 Uhr

4 Wolle-Profis

Vor über 100 Jahren hat man in Álafoss mit der Wollverarbeitung begonnen, mittlerweile hat sich der Industriestandort zu einer Touristenattraktion gewandelt. In den historischen Gebäuden befindet sich ein gut sortierter Souvenirladen mit Islandpullovern, Mützen, Handschuhen, Schals, Wolldecken und Hauschuhen. Wer sich einen echten Isländer selber stricken möchte, bekommt hier die passende Wolle sowie die Schnittmuster.

Álafoss, Mosfellsbær
Álafossvegur 23
Tel. 822 91 00
www.alafoss.is
tgl. 8.00–20.00 Uhr
Mit Galerie und Restaurant

UNSERE FAVORITEN
22

5 Farmers Market

Das mittlerweile auch international bekannte Label der isländischen Designerin Bergthora Gudnadottir steht für nordisches Design im legeren Country-Look aus natürlichen Materialien. So werden vor allem isländische Wolle, Merinowolle aus Australien oder gewachste Baumwolle aus England verarbeitet.

Flagship Shop
Farmers & Friends
Reykjavík, Hólmaslóð 2
Tel. 552 19 60
www.farmersmarket.is
Mo.–Fr. 10.00–18.00,
Sa. 11.00–17.00 Uhr

6 11-mal Kunst und Design

Ein Laden mitten in Reykjavík zum Staunen und Stöbern: Elf Künstlerinnen und Designerinnen haben sich zusammengeschlossen und präsentieren überaus originelle handgemachte Stücke – Taschen aus Fischhaut, ungewöhnlichen Schmuck, Lampen, Körbe, Keramik, Babyschuhe und vieles mehr, ganz überwiegend aus lokalen Materialien. Jedes ihrer Design-Kunstwerke erzählt eine Geschichte, die sehr viel mit isländischer Tradition zu tun hat.

Kirsuberjatred (Kirschbaum), Reykjavík
Vesturgata 4
Tel. 56 2 89 90
www.kirs.is
Mo.–Fr. 10.00–18.00, Sa., So bis 17.00 Uhr

7 Schokolade vom Feinsten

Isländische Milch und ein paar Salzkristalle sind die einzigen heimischen Zutaten von Omnom Schokolade, denn Kakaobohnen und Rohrzucker wachsen nun mal nicht in Island. Und doch steckt in den edlen, leider sündhaft teuren Tafeln viel einheimisches Know-how. Selbstbewusst behaupten Óskar Þórðarson und Kjartan Gíslason, die Gründer der kleinen Manufaktur, dass sie die beste Schokolade der Welt herstellen. Zumindest die Verpackung, die unterschiedliche isländische Tiere zeigt (Foto oben), wurde 2015 mit dem European Design Award in Bronze ausgezeichnet.

Bezugsquellen für Omnom Schokolade in Reykjavík (Auswahl)
The Laundromat Café, Austurstræti 9
Kex Hostel, Skúlagata 28
Frú Lauga, Óðinsgötu 1
Online-Shop:
www.omnomchocolate.com

REYKJAVÍK UND DER SÜDWESTEN
24 – 25

Die nördlichste Hauptstadt der Welt

In der Rauchbucht (isländ. „Reykjavík") leben schon seit mehr als tausend Jahren Menschen. Reykjavík selbst aber ist eine junge Stadt. Trotz des Baubooms bis zur Wirtschaftskrise hat sie sich ihr kleinstädtisches Flair erhalten. Anders als die Stadt ist die Reykjanes-Halbinsel fast noch ein Geheimtipp. Auf dem Golden Circle besichtigt man an einem einzigen Ausflugstag gleich drei der bedeutendsten Inselsehenswürdigkeiten.

„Wikinger, zur Sonne, zur Freiheit": „Sólfar" – „Sonnenschiff" – nannte der Künstler Jón Gunnar Árnasson seine Skulptur an der Küstenpromenade

Hätten es die Läufer nicht so eilig, würden sie viele Vögel sehen – denn der Stadtsee Tjörnin, alljährlich im August Startpunkt des Reykjavík-Marathons, ist eine der größten Brutstätten für Wasservögel in Reykjavík.

Blick vom Turm der Hallgrímskirkja über die Altstadt: Reykjavík ist die größte Stadt Islands. Ein Drittel der Bevölkerung des Landes lebt hier.

An den isländischen Entdecker Leifur Eiríksson erinnert vor der Hallgrímskirkja (s)ein Denkmal

Ein grünes Männchen wacht vor der am Ostufer des Tjörnin gelegenen isländischen Nationalgalerie Listasafn (rechts, links die Fríkirkjan í Reykjavík, die lutherische Freikirche in Reykjavík)

„Reichtum ist das, was dir andere nicht wegnehmen können."

Halldór Laxness

Weithin sichtbar auf einem kleinen Hügel mitten in Reykjavík erinnert eine Statue an Ingólfur Arnarson, den ersten Siedler, der sich dauerhaft in Island niedergelassen hat. Um das Jahr 870 hatte er in Norwegen Ärger und musste deshalb mit seiner Familie auswandern. In Island wollte er neu anfangen. Als sein Ziel in Sicht kam, warf er nach alter Sitte die Hochsitzpfeiler seines ehemaligen Hauses ins Meer und gelobte, sich dort niederzulassen, wo sie an Land geschwemmt würden. In der Zwischenzeit schlug er sein Lager auf der kleinen Insel Ingólfshöfði vor der Südküste auf und schickte seine Sklaven auf die Suche. Erst einige Jahre später fanden sie die Hochsitzpfeiler in einer Bucht an der Südwestküste. Weil hier von den heißen Quellen Dampfsäulen aufstiegen, nannte Arnarson sie Reykjavík – Rauchbucht. Noch heute zieren seine Hochsitzpfeiler das Stadtwappen der isländischen Hauptstadt.

Auf Spurensuche

Als im Jahr 2001 in der Aðalstræti, der ältesten Straße Reykjavíks, die Fundamente für ein neues Hotel ausgehoben wurden, stieß man auf die Reste eines Langhauses aus der Wikingerzeit. Archäologische Ausgrabungen ergaben, dass der Hof bereits ab dem Jahr 930 bewohnt war. Noch interessanter waren jedoch die Reste eines älteren Hauses, die sich dank der Untersuchung einer Vulkanascheschicht ziemlich genau auf einen Zeitraum zwischen den Jahren 869 und 873 datieren ließen. Beweisen lässt es sich nicht, aber vielleicht war dies das Haus von Ingólfur Arnarson, dem Gründer Reykjavíks ...

In jedem Fall zählen die Reste des Langhauses in der Aðalstræti zu den ältesten Besiedlungszeugnissen Islands. Die Ausgrabungen hat man an Ort und Stelle belassen. Sie bilden nun den Kern einer hochinteressanten, multimedialen Ausstellung im Keller des Hotel Reykjavík Centrum. Hier erfährt man, wie die Wikinger nach Island gekommen sind, wie sie ihre Häuser gebaut und ihre Höfe bewirtschaftet haben.

Der Bauboom

Schon recht bald stellte sich Ingólfur Arnarsons Wohnortwahl als nicht besonders clever heraus, denn um die Rauchbucht herum waren die Voraussetzungen für Landwirtschaft und Viehzucht wegen der ausgedehnten Lavafelder denkbar schlecht. So verwundert es nicht, dass die Ansiedlung über Jahrhunderte nur wenigen Bauernhöfen eine Lebensgrundlage bot. Auch Arnarsons Familie hielt nur vier Generationen

In der Altstadt: „The Laundromat Café" an der Austurstræti verbindet ein Art-déco-Café mit einem Waschsalon.

Die gute Laune der Isländer ist so ansteckend, dass es kaum noch etwas zum Streiten gibt.

„Think pink", denkt der Gitarrero im farblich exakt auf die Szenerie abgestimmten Hemd, aber „the ladies are busy and don't give a dime". Was doch sehr schade ist …

Nachtleben in Reykjavík: Da tobt der Bär, der in Island eher ein Eisbär ist, weshalb wir auch gern in die Eisbar gehen, wo die Steaks auf dem heißen Felsen serviert werden.

Die bis heute anhaltende Landflucht führte dazu, dass mittlerweile rund zwei Drittel der Isländer im Großraum Reykjavík leben.

durch, danach verlieren sich ihre Spuren. Mit nur wenigen hundert Einwohnern blieb Reykjavík ein großes Dorf. Erst als es dank seines Hafens zum Handelsplatz und Amtssitz der dänischen Verwaltung wurde und 1786 die Stadtrechte erhielt, ging es aufwärts. Seit diesem Gründungsjahr zieht die Stadt die Menschen magisch an. Die Landflucht, die bis heute anhält, führte dazu, dass mittlerweile rund zwei Drittel der Isländer im Großraum Reykjavík leben. Vor allem seit dem Zweiten Weltkrieg begann ein regelrechter Bauboom, der das Stadtbild komplett veränderte. Deshalb sind heute die alten, mit Wellblech verkleideten Häuser nur noch vereinzelte bunte Punkte im Stadtbild. Vermehrt wurden moderne Bürotürme und Apartmenthäuser hochgezogen. Wer heute auf der Küstenstraße Sæbraut fährt, der blickt auf eine fast lückenlose Reihe von Neubauten. Gleichzeitig breitete sich die Stadt immer mehr aus. Neue und meist gesichtslos erscheinende Vorstädte wurden in die Lava gesetzt, was dazu führte, dass Reykjavík nun praktisch mit den Nachbarstädten Kópavogur, Garðabær und Hafnarfjörður zusammengewachsen ist.

Das Konzerthaus Harpa

Vom Hügel Arnarhóll mit der Statue von Ingólfur Arnarson hat man den besten

Gleich an drei Ausstellungsorten präsentiert das Städtische Kunstmuseum in Reykjavík seine Sammlungen: im Hafnarhús am alten Hafen sowie im Osten der Stadt im Ásmundarsafn (oben links und oben rechts) und im Kjarvalsstaðir, wo vornehmlich Werke von Jóhannes Sveinsson Kjarval präsentiert werden, Islands bekanntestem Maler (rechts unten). Im Ásmundarsafn kann man nicht nur fast alle Hauptwerke (mindestens als Repliken) von Ásmundur Sveinsson besichtigen, sondern auch das von dem Bildhauer selbst in den 1940er-Jahren geplante und gebaute Atelier samt Wohnhaus und Ausstellungshalle (unten links).

Blick auf eine eindrucksvolle Sehenswürdigkeit der Stadt, das Konzerthaus Harpa. Das asymmetrisch-kubische Gebäude direkt am Meer fällt nicht nur durch seine Größe auf, sondern vor allem durch die gläserne Fassade mit den wabenförmigen Fenstern. Entworfen wurde es vom renommierten Kopenhagener Architektenbüro Henning Larsen. Die ungewöhnliche Fassade stammt von dem isländischen Lichtkünstler Ólafur Elíasson. Geld schien beim Bau dieses wichtigsten Prestigeobjektes zu Beginn des neuen Jahrtausends keine Rolle zu spielen: Reykjavík boomte, und alle glaubten an eine goldene Zukunft.

Boulevard der geplatzten Träume

Praktisch über Nacht war dann alles vorbei – Wirtschaftskrise, Bankenkrise, Staatsbankrott. Von weiteren hochfliegenden Plänen wie einem neuen Bankgebäude, einem Luxushotel oder gar einem isländischen World Trade Center hat man sich auf dem „Boulevard der

Geld schien beim Bau des Prestigeobjektes keine Rolle zu spielen.

geplatzten Träume", der bezeichnenderweise am Harpa vorbeiführt, schnell verabschiedet. Da die Isländer nicht tagtäglich eine Bauruine als Symbol ihres Bankrotts vor Augen haben wollten, beschlossen Stadt und Staat, den Prestigebau Harpa fertigzustellen – wenn auch in einer kostengünstigeren Variante. Weithin sichtbar und als Solitärbau ein wenig verloren wirkend, erinnert das spektakuläre Konzerthaus an die Zeit, als das kleine Island noch im weltweiten Wirtschaftspoker mitspielen durfte.

Feiern, feiern, feiern

Immerhin ist Reykjavík die nördlichste Hauptstadt der Welt. Doch ihr Charme offenbart sich dem Besucher erst auf den zweiten Blick. Prächtige alte Bauwerke oder gar Schlösser wie bei den nordi-

„Wenn der Gitarrist jetzt noch einmal den simplen C-Dur-Griff verhaut, bekommt er es aber mit meinem Hackebeilchen zu tun", denkt der rot gelockte Wikinger im historischen Kostüm, während die holde Schöne das alles nun wirklich nicht mehr mit ansehen kann. Ganz gelassen bleiben dagegen …

… Frauchen und Hund, selbst inmitten des kunterbunten Treibens der jährlich im August, im Anschluss an den Reykjavík-Marathon, stattfindenden Kulturnacht.

„Hey Mr. DJ / Put a record on / I wanna dance with my baby": So lautet das Motto bei der Kulturnacht in Reykjavík vor dem Hipster-Treff „Kaffibarinn". Oder, um es mit Madonna (weiterzu)singen: „When the music starts / I never wanna stop / It's gonna drive me crazy".

schen Verwandten in Oslo, Stockholm oder Kopenhagen sucht man hier vergebens. Doch es hat sich viel getan in den letzten Jahren. Restaurants, Cafés und Pubs eroberten ebenso wie einige sehenswerte Galerien und Museen die Innenstadt. Auch an einer Shoppingmeile mit internationalen Marken – dem Laugavegur und seinen Nebenstraßen – fehlt es nicht, und doch ist Reykjavík noch immer so klein, dass man es bequem zu Fuß erkunden kann.

Von London, Paris oder Berlin kommend mag man enttäuscht sein, doch nach einer vierwöchigen Islandrundreise vorbei an einsam in der Landschaft verstreuten Gehöften und kleineren Ansiedlungen hält man Reykjavík für den Nabel der Welt. Vor allem Samstagnacht ist die Stadt in Feierstimmung. Kurz nach der Jahrtausendwende erhoben einige Medien Reykjavík sogar zu einem der weltweit angesagtesten Party-Hotspots. Mit der Wirtschaftskrise ist es auch in dieser Beziehung etwas ruhiger geworden, doch noch immer fließt am Wochenende zwischen ein und sechs Uhr in der Früh auf dem Laugavegur der Alkohol in Strömen und zeigt sich Reykjavík in Partylaune.

Die Hauptstadt der Elfen

Hafnarfjörður breitet sich auf dem Lavafeld Búrfellshraun aus. Die geschäftige Hafenstadt würde wahrscheinlich kaum ein Islandbesucher kennen, träfen sich hier nicht jedes Jahr im Juni Hunderte von Wikingern zum Feiern – und wäre dies nicht die Hauptstadt der Elfen. Glaubt man dem Medium Erla Stefánsdóttir und dem Leiter der Elfenschule, Magnús Skarphéðinsson, dann gibt es dreizehn verschiedene Elfenarten, drei Arten von Unsichtbaren, vier Gnomgattungen, zwei Typen von Trollen und drei Feenarten. Sie wissen sogar, wie Elfen aussehen: Lange, dünne Beine, große Ohren und wuscheliges Haar sollen sie haben. Eine alte Legende besagt, dass die biblische Eva einst Gott zu Besuch erwartete. Ihm zu Ehren wollte sie

Im Zentrum des Golden Circles, einer Rundtour im Südwesten der Hauptstadt, bietet die Laugarvatn-Fontana Thermalbad- und Saunafreuden.

Im Pool fühlt man sich wohl: Laugardalslaug ist das größte Thermalschwimmbad in Reykjavík.

In der Blauen Lagune bei Grindavík auf der Reykjanes-Halbinsel trinkt man blaue Cocktails. Was sonst?

REYKJAVÍK UND DER SÜDWESTEN

Blaue Stunde in der Blauen Lagune bei Grindavík. Milchig-blau ist auch die Farbe des Wassers: Sie kommt von einer speziellen Mischung aus Kieselsäure, Mineralien und Algen.

Heißes Wasser aus der Erde

Wohlige Wärme für Wohnzimmer

Special

Die Einwohner Reykjavíks erhalten ihr heißes Wasser seit Jahrzehnten aus der Erde: aus einer billigen, sicheren und vor allem umweltfreundlichen Energiequelle. Gelagert wird das Wasser in riesigen Tanks auf dem Öskjuhlið-Hügel. Schon von Ferne fällt der Kreis aus sechs Aluminiumtanks über Reykjavík auf. In fünf Tanks lagert wohlige Wärme für die Wohnzimmer der isländischen Hauptstadt, denn jeder Tank fasst bis zu vier Millionen fast kochend heißes Wasser: genug, um sogar die Bürgersteige und Straßenkreuzungen im Winter zu beheizen. Der sechste Tank beherbergt Islands erstes und einziges Planetarium, das spektakuläre Shows bietet. Außerdem gibt es Ausstellungen zum Thema Gletscher, Vulkane und Natur. Über den Tanks thront eine gläserne Kuppel mit einem Restaurant. Durch

Perlan: Heißwassertank mit Aussichtspunkt

das stützende Stahlgerippe zirkuliert Wasser, so lässt sich die Kuppel im Winter beheizen und im Sommer kühlen. Perlan – „die Perle" – nennen die Isländer diese Symbiose aus Pragmatismus und Vision. In zwei Stunden rotiert die Kuppel um die eigene Achse. Fixpunkt für das Auge ist die weiße Hallgrimskirkja mit ihrem spitzen Turm. Selbst im Winter trübt kein Smog die Luft, denn Reykjavík ist dank der Fernwärme aus Geothermalkraftwerken die sauberste Hauptstadt der Welt.

ihre Kinder waschen, doch die Zeit war knapp, und so schaffte sie nicht alle. Ihre ungewaschenen Kinder werden „huldufólk" genannt: „Das Volk, das sich vor den Blicken der Menschen verbirgt." Fühlen sich Elfen gestört oder aus ihrer Wohnung verjagt, können sie ungemütlich werden. Deshalb gibt es sie wirklich, die Straßen, die aus Rücksicht auf eine Elfenwohnung um einen Hügel herumgeführt wurden, statt ihn zu planieren.

Eine verborgene Welt

Glauben die Isländer wirklich an verborgene Wesen? Umfragen zeigen, dass die Mehrheit der Bevölkerung deren Existenz zumindest nicht ausschließt. Allerdings sprechen die Isländer nicht gerne darüber, vielleicht, weil der Aberglaube so gar nicht zum Bild eines modernen Landes passt. Wer herausfinden möchte, ob er für Elfen und verborgene Wesen empfänglich ist, kann sich bei einem „Hidden World Walk" durch Hafnarfjörður all die Geschichten erzählen lassen, für die Elfen und anderes „huldufólk" verantwortlich sein sollen.

Das blaue Wunder

Die stiefelförmige Reykjanes-Halbinsel lassen die meisten Besucher links liegen. Eigentlich schade, denn schon auf einem Tagesausflug findet man hier zwar nicht

Zu den schönsten Möglichkeiten, die Insel zu erkunden, gehört eine Reittour (oben rechts, bei Hafnarfjörður). Ein ganz besonderes Erlebnis ist auch eine Raftingtour: Die Hvítá (unten links) entspringt in einem vor rund 1100 Jahren entstandenen Lavafeld und speist auf ihrem Weg die Wasserfälle Barnafoss und Hraunfossar (oben links). Zum Unesco-Welterbe gehört Þingvellir (rechts unten): Um das Jahr 930 traf sich hier auf der Reykjanes-Halbinsel im äußersten Südwesten der Insel erstmals die Volksversammlung („Þing", das älteste noch aktive Parlament der Welt), um unter freiem Himmel über Gesetze und andere Angelegenheiten zu beraten. Am 17. Juni 1944 wurde an diesem historischen Ort auch die Republik Island ausgerufen.

die ganz großen Sehenswürdigkeiten der Insel, doch vieles von dem, was die Faszination Islands ausmacht. Entlang der Küste gibt es kleine, bunte Orte, hübsche Leuchttürme und Vogelfelsen. Weite Flächen der Reykjanes-Halbinsel sind von Lava bedeckt. Hunderte von Kratern und dampfenden Solfataren lassen vermuten, dass der südwestlichste Zipfel der Insel noch vulkanisch aktiv ist. Aus diesen Hochtemperaturgebieten wird der ganze Großraum von Reykjavík mit Heißwasser versorgt.

Ein Nebenprodukt dieser Heißwasserversorgung ist die Blaue Lagune: Dort bildet das überschüssige Wasser des Geothermalkraftwerks Svartsengi einen See mit trübem, herrlich warmem Wasser. Bei schlechtem Wetter, wenn zwischen Wolken und Wasserdampfschwaden nur kurz die Köpfe der Badenden

Unvergessliche Augenblicke: wenn die Sonne auf den Vulkanbergen unwirkliche Lichtstimmungen zaubert ...

auftauchen, ehe sie wieder im milchigen Weiß verschwinden, fühlt man sich wie in einem Science-Fiction-Film. Wenn dann zwischen den Wolkenfetzen die tief stehende Sonne auf den mit spärlichem Grün überzogenen Vulkanbergen unwirkliche Lichtstimmungen zaubert, sind dies unvergessliche Augenblicke.

Auf dem Golden Circle

Der „Goldene Kreis" – eine beliebte Tagestour im Südwesten – vereint drei der wichtigsten Sehenswürdigkeiten Islands. Etwa alle zehn Minuten schleudert der Geysir Strokkur eine zwanzig Meter hohe Wasser- und Dampfsäule zischend in den Himmel. Seine Zuver-

Am Goldenen Fall („Gullfoss", ganz oben) stürzen die Wassermassen über zwei gegeneinander versetzte Fallstufen in die bis zu 70 Meter tiefe Klamm Gullfossglijúfur. Der Museumskomplex Garðar (unten links und rechts) in Akranes gehört zu den größten Regionalmuseen des Landes. Der älteste, in einem ehemaligen Gut untergebrachte Teil des Museums präsentiert unter anderem verschiedene Schiffsmodelle und das 1875 errichtete älteste Holzhaus der Stadt.

Bunte Holzhäuser zieren das Hafenviertel von Akranes. Besiedelt wurde diese Gegend schon um das Jahr 880 von zwei irischen Brüdern.

lässigkeit machte ihn zur Touristenattraktion, und stets läuft das Schauspiel gleich ab: Erwartungsvoll bilden alle Zuschauer einen Kreis, starren gebannt in das mit blubberndem Wasser gefüllte Loch und warten auf die Anzeichen des bevorstehenden Ausbruchs – sind dann überrascht von der heftigen Eruption.

Der Große Geysir gleich neben dem Strokkur war nie so zuverlässig wie sein Nachbar. Hatte er gute Laune, schoss er jede Stunde eine spektakuläre, bis zu siebzig Meter hohe Fontäne gen Himmel. Weniger gut gelaunt, ließ er untätig die Zeit verstreichen. Um ihn anzuspornen, kippte man kiloweise Schmierseife in den Schlot: Eine Weile half das auch und trieb den Großen Geysir zu Höchstleistungen. Heute ist er meist nur noch ein friedlich dampfendes blaues Riesenauge, umgeben von einer schönen Sinterterrasse.

Die Kraft des Wassers

Im Sonnenschein wird der Gullfoss zum Goldenen Wasserfall. Er zählt zu den schönsten Wasserfällen des Landes. Gespeist wird er von der Hvítá, deren gewaltige, vom Langjökull her kommenden Wassermassen hier in zwei Kaskaden in eine enge Schlucht stürzen. Wenn man im feinen Sprühnebel am Rand der Schlucht steht, ist die Kraft des Wassers hautnah zu spüren. Fast noch schöner sieht der Gullfoss im Winter aus, wenn die feinen Wassertröpfchen die Umgebung mit Eiskristallen überziehen.

Zwischen den Kontinenten

Bei der Fahrt in den Þingvellir-Nationalpark gaukeln die mit Moos- und Grasteppichen bedeckten Berge eine liebliche Landschaft vor. Doch dann zerstören Lava- und Geröllfelder diesen Eindruck. Von einem Felsen schweift der Blick über den Þingvallavatn, den größten See des Landes. Wie eine nicht heilen wollende, kilometerlange Wunde durchzieht die Allmännerschlucht die Landschaft. Steilwände aus dunklem Basalt, Verwerfungen und Gräben begrenzen sie. Nirgendwo sonst ist Geologie anschaulicher als hier an der Nahtstelle zweier Kontinentalplatten. Jedes Jahr driften die eurasische und die nordamerikanische Platte einige Zentimeter weiter auseinander und vergrößern die Schlucht. Hier steht man mit einem Bein in Europa, mit dem anderen in Amerika.

Für Isländer ist Þingvellir auch ein geradezu magisch anmutender Ort, an dem lange die Geschicke des Landes entschieden wurden. Hier wurde der Staat gegründet, hier schwor man den alten Heidengöttern ab und bekannte sich zum Christentum, erließ Gesetze und hielt Gericht. Heute sind die Kirche und eine Handvoll Häuser am Fluss die einzigen Spuren der Besiedlung. Der Galgenfelsen, die Verbrennungsschlucht und der Ertränkungspfuhl sind längst vergessene Punkte in der Landschaft und werden nur durch die alten Sagas wieder lebendig. Was sich hier in einer Zeit vor mehr als tausend Jahren abge-

Nirgendwo sonst ist Geologie anschaulicher als hier.

spielt hat, in der die Isländer einmal im Jahr aus allen Teilen der Insel angeritten kamen, Zelte errichteten, Lagerfeuer entzündeten und den weiten Platz für zwei Wochen mit Leben erfüllten, bleibt allein der Fantasie überlassen. In diesen fernen Tagen stand Þingvellir im Mittelpunkt, war Freiluftparlament, Handelsplatz, Festwiese und Heiratsmarkt. Ein fast magischer Ort …

DUMONT THEMA

NATÜRLICHE RESSOURCEN NUTZEN

Saubere Energie im Überfluss

Atomkraftwerke, CO2-Emissionen, Öl- und Gaspreise sind in Island keine Themen, mit denen man Politik machen kann. Denn das Land ist weltweit führend in der Nutzung sauberer Energien. Zum Heizen dient Thermalwasser, knapp 80 Prozent des Strombedarfs deckt man durch Geothermie.

Heiße Quellen in Hveragerði: Schon die alten Sagas berichten davon, dass die Isländer die wohltuende Wärme aus der Erde zu nutzen wussten.

Der Pro-Kopf-Energieverbrauch Islands zählt weltweit zu den höchsten. Doch über Energiesparen macht sich kaum jemand Gedanken, denn sowohl die Kosten als auch die Umweltbelastung dieses hohen Verbrauchs sind unproblematisch: Das Land verfügt über schier unerschöpfliche Quellen erneuerbarer Energien. Etwa zwei Drittel des Primärenergieverbrauchs speisen sich aus Erdwärme und Wasserkraft. Damit liegt Island im weltweiten Vergleich deutlich vor Norwegen, Neuseeland, Schweden und Finnland, Deutschland folgt erst weit abgeschlagen. Fossile Brennstoffe werden nur für die Fischereiflotte und den Verkehr genutzt.

Der Zugang zu billiger Energie vor der Haustür bringt nicht nur Wärme mit sich, sondern hat auch eine wichtige Rolle beim Aufstieg Islands von einem der ärmsten Länder Europas innerhalb nicht mal eines Jahrhunderts zu einem der wohlhabendsten Länder des Kontinents gespielt.

Zum Waschen ins Laugardalur

Bis zum Beginn des 20. Jahrhunderts wurde Thermalwasser hauptsächlich zum Kochen, Baden und Waschen genutzt. Dort, wo im Reykjavíker Laugardalur ein Sport- und Freizeitkomplex steht, haben früher die Frauen ihre Wäsche in den heißen Quellen gewaschen. Auch Fleisch, Fisch und Eier wurden in Thermalquellen gekocht, im warmen Boden buk man Brot, Arthritispatienten suchen seit Jahrhunderten in Dampfbädern Linderung. Ab der Mitte des 18. Jahrhunderts baute man Kartoffeln und anderes Gemüse in erwärmter Erde an.

Als Erfinder der Fernwärme gilt der Bauer Stefán Jónsson, der im Jahr 1908 vor den Toren Reykjavíks mit dem Wasser einer Thermalquelle sein Haus beheizte. Es sollte noch etwas dauern, bis seine Idee in großem Maßstab umgesetzt wurde, doch heute sind so gut wie alle Gebäude in Reykjavík an das Fernwärmenetz angeschlossen. Landesweit sind es rund 90 Prozent der Haushalte.

Der Geruch des Geldes

Thermalwasser entsteht aus Regenwasser, das von der Oberfläche in heißes Gestein einsickert und dadurch

Das Geothermalkraftwerk Svartsengi auf der Halbinsel Reykjanes produziert Strom und verteilt heißes Wasser an die Häuser der Umgebung

Das Krafla-Geothermalkraftwerk steht im Mývatngebiet im Nordosten der Insel.

erhitzt wird. Wieder an die Oberfläche gelangt es auf natürliche Weise entweder als Thermalquellen oder in Form dampfender Fumarolen. Zur Nutzung in Geothermiekraftwerken wird es durch Bohrlöcher gefördert. Innerhalb des vulkanischen Gürtels, der sich über die gesamte Insel zieht, hat man bisher 32 Hochtemperaturgebiete gefunden, in denen in 1000 Metern Tiefe mehr als 200°C heißes Wasser existiert. Außerdem gibt es noch 250 Niedertemperaturgebiete, bei denen die Wassertemperatur in 1000 Metern Tiefe nur bis zu 150°C beträgt.

Gegenwärtig werden sieben Geothermiekraftwerke betrieben: Bjarnarflag in Nordisland ging 1969 in Betrieb, es folgten Svartsengi auf der Halbinsel Reykjanes, Krafla am Mývatn-See, Nesjavellir und Hellisheidi im Hengill-Gebiet, das Reykjanes-Kraftwerk sowie das in Húsavík. Charakteristisch für Hochtemperaturgebiete ist der durch Schwefelwasserstoff hervorgerufene Geruch nach faulen Eiern, den Einheimische jedoch kaum noch wahrnehmen, manche nennen ihn sogar den Geruch des Geldes.

An der warmen Quelle

Bis in die 1990er-Jahre kam das warme Wasser für die Hauptstadt aus vier Niedrigtemperaturgebieten in der Nähe und wurde in den Tanks auf dem Öskhjulíd-Hügel gelagert. Nach dem rasanten Bevölkerungsanstieg im Großraum Reykjavík reichte das nicht mehr aus, deshalb wurde im Hochtemperaturgebiet Nesjavellir das neue Kraftwerk Hellisheiðarvirkjun in Betrieb genommen.

Wenn das heiße Wasser die Häuser geheizt hat, ist es immer noch 35°C warm: genug, um Fahrbahnen und Bürgersteige vor dem Vereisen zu bewahren. Damit können Glatteisunfälle vermieden werden, und einen angenehmen Nebeneffekt hat das zudem: Man kann sich an einem kalten Wintermorgen das Schneeräumen sparen. Es gibt sogar Pläne, den Golfplatz in Reykjavík mit solch einer Tauanlage auszustatten. Schon in den 1920er-Jahren wurden erste Gewächshäuser für die Zucht von Blumen, Zierpflanzen und Gemüse mit Erdwärme beheizt. Mittlerweile gibt es rund 200 000 Quadratmeter Gewächshausfläche, den Großteil davon in Hveragerði.

Besichtigung vor Ort

Im Süden der Reykjanes-Halbinsel kann man das Kraftwerk **Reykjanesvirkjun** mit einer informativen Ausstellung besichtigen (S. 46). Auch Islands jüngstes Geothermiekraftwerk **Hellisheiðarvirkjun**, ca. 20 Kilometer westlich von Hveragerði, kann besucht werden.

Anzeige

Authentisch, leidenschaftlich, isländisch

In der Saison 2020 umrundet die OCEAN DIAMOND Island gleich zehnmal. Abseits herkömmlicher Kreuzfahrtrouten erwarten Sie pure Natur und lebendige Kultur. Das wendige, eisverstärkte Schiff bietet nahezu unendliche Möglichkeiten, Island mit seinen kochenden Geysiren, rauchenden Vulkanen und tosenden Wasserfällen zu entdecken.

Maximal 210 Gäste verhelfen zu einem persönlichen und unvergesslichen Reiseerlebnis, fernab der Routen großer Kreuzfahrtschiffe mit mehr als zehnmal so vielen Passagieren. Erstmals im Programm 2020 wird eine rein deutschsprachige Island Umrundung angeboten. Im Gegensatz zu den sonst zweisprachig durchgeführten Reisen (deutsch- und englischsprachig) wird auf dieser Abfahrt ein rein deutschsprachiges Publikum an Bord sein, alle Vorträge und Landausflüge werden nur in deutscher Sprache angeboten.

Der isländische Charme prägt die Reisen gleichermaßen an Bord und an Land. Da wäre etwa der Fischhändler in Isafjördur, der die OCEAN DIAMOND bei jeder Island Umrundung mit frischen Delikatessen aus dem Eismeer versorgt. Und damit nicht genug. Passagiere können die Crew beim Einkauf begleiten und so seinen lebhaften Ausführungen über Fischfang und dem isländischen Alltag folgen. Und dann sind da die Künstler und Kunsthandwerker in Seydisfjördur. Dort können nicht nur wundervolle Souvenirs erworben, sondern auch deren Herstellung verfolgt werden. Genau diese Eindrücke an Bord und Land sind es, die eine Seereise auf der OCEAN DIAMOND so außergewöhnlich machen. Auch wenn gegorener Fisch eine eher gewöhnungsbedürftige Delikatesse ist, sollte man sich die Stippvisite beim Haifisch-Bauern nicht entgehen lassen.

Eine ganz besondere Kombination aus zerklüfteten Küstenlinien und einem nahezu unwirklichen Landesinneren bietet die Reisekombination Nordlichter und Wale im Herbst 2020. So ergänzen sich hier eine viertägige Seereise um die berühmten isländischen Westfjorde perfekt mit einer ebenso langen Busreise durch den Nordwesten Islands, bei der auch das faszinierende Myvatn-Gebiet sowie eine Walbeobachtungstour im Festrumpfschlauchboot fester Bestandteil sind. Fabelhafte Chancen auf erste Nordlichter am klaren Nachthimmel sind inklusive!

Die zehntägige Island Umrundung ist bereits ab € 1.980,– Euro p. P. buchbar. Die siebentägige Reisekombination Nordlichter und Wale ist ab € 1.930,– pro Person verfügbar.

Weitere Informationen und Buchung:
Island ProTravel GmbH
Theodorstraße 41 A | 22761 Hamburg
Telefon 040 28 66 87 160
www.icelandprocruises.de

BUSRUNDREISEN DURCH ISLAND

Verlängern Sie Ihren Aufenthalt in Island und entdecken Sie die Insel aus Feuer und Eis noch intensiver. Diese Busrundreisen lassen sich als Vor- bzw. Nachprogramm mit den Schiffsreisen der OCEAN DIAMOND optimal kombinieren.

KRÄFTESPIEL DER ELEMENTE
Das Zusammenspiel von Feuer, Wasser und Eis entdecken
10-TÄGIGE ERLEBNISREISE, P. P. IM DZ AB € 3.140

JUWELEN DER INSEL
Klassische Route entlang der Ringstraße Islands
8-TÄGIGE BUSRUNDREISE, P. P. IM DZ AB € 1.870

Alle Infos und Buchung:

IPT Island ProTravel GmbH
Theodorstraße 41 A, 22761 Hamburg
Tel.: +49 40 28 66 87-200
E-Mail: memo@islandprotravel.de
www.islandprotravel.de

INFOS & EMPFEHLUNGEN

REYKJAVÍK UND DER SÜDWESTEN

Hauptstadt inmitten der Lava

Rund zwei Drittel der Isländer leben im Großraum Reykjavík. Doch nur wenige Kilometer entfernt ist man inmitten der vom Vulkanismus geprägten, nur spärlich besiedelten Halbinsel Reykjanes. Unvergesslich: Ausflüge auf dem Golden Circle zu Geysir, Gullfoss und in den Nationalpark Þingvellir.

① Reykjavík

Als Reykjavík 1786 die Stadtrechte verliehen bekam, lebten hier nur 300 Menschen. Um das Jahr 1900 waren es immerhin schon 5000, heute sind es rund 130 000, in der Metropolregion etwa 230 000. Dieses rasante Bevölkerungswachstum ließ Reykjavik zum wichtigsten Wirtschafts- und Kulturzentrum des Landes werden.

SEHENSWERT

Auf einer Anhöhe mitten in der Stadt ist die **Hallgrímskirkja** mit ihrem 75 m hohen Turm ein weithin sichtbares Wahrzeichen Reykjavíks (tgl. 9.00–21.00, im Winter bis 17.00 Uhr). Vor der Kirche erinnert ein Standbild an Leifur Eiríksson, den Entdecker der Neuen Welt 500 Jahre vor Kolumbus. Am Stadtteich **Tjörnin** liegt das moderne **Rathaus** (Tjarnargata 11, Mo.–Fr. 8.30–16.30 Uhr), im Erdgeschoss gibt es eine Reliefkarte Islands. Große Attraktion ist Konzerthaus **Harpa** (Austurbakki 2, www.harpa.is, Gebäude Juni-Sept. tgl. 9.00–22.00, sonst 10.00–22.00, Ticketschalter tgl. 10.00 bis 18.00, Besichtigungen tgl. 14.00 Uhr).

MUSEEN

Das **Nationalmuseum** gibt einen multimedialen Einblick in die Kulturgeschichte des Landes von der Besiedlung bis zur Gegenwart (Þjóðminjasafn, Suðurgata 41, Tel. 530 22 00, www.

Vor den Toren Reykjavíks erschließt der „Golden Circle" die atemberaubende Natur. Sonne tanken vor dem Konzerthaus Harpa (rechts).

thjodminjasafn.is, Mai–Mitte Sept. Di.–So. 10.00–17.00 Uhr).
In der **Nationalgalerie** (Listasafn Íslands, Fríkirkjuvegur 7, Tel. 515 96 00, www.listasafn.is, Mai–Sept. Di.–So. 10.00–17.00 Uhr) und in der **Städtischen Galerie** (Hafnarhús, Tryggvagata 17, Tel. 411 64 10, http://artmuseum.is/hafnarhus, tgl. 10.00–17.00, Do. bis 22.00 Uhr) werden wechselnde Ausstellungen vor allem zeitgenössischer, aber auch klassischer Künstler gezeigt. Die Werke des bekanntesten isländischen Landschaftsmalers des 20. Jh., Jóhannes Sveinsson Kjarval, sind in **Kjarvalsstaðir** zu sehen (Flókagata, Tel. 411 64 20, https://artmuseum.is, tgl. 10.00–17.00 Uhr). Neben der Hallgrímskirkja kann man im **Einar Jónsson Museum** dessen religiöse und mystische Werke anschauen (Eiriksgata 3, Tel. 551 37 97, www.lej.is, Di.–So. 10.00–17.00 Uhr). Im ehemaligen Atelier des Künstlers ist das **Ásmundur Sveinsson Museum** untergebracht, zu sehen sind seine eigenwilligen Skulpturen (Ásmundarsafn, Sigtún 5, https://artmuseum.is/asmundarsafn, Tel. 411 64 30, Mai–Sept. tgl.

10.00–17.00, sonst 13.00–17.00 Uhr). Die Ausstellung **Landnámssýningin** zeigt mehr als 1000 Jahre alte archäologische Funde (Aðalstræti 16, Tel. 411 63 70, https://reykjavikcitymuseum.is/the-settlement-exhibition, tgl. 9.00–18.00 Uhr).

ERLEBEN

Das größte **Schwimmbad** mit Hot Pots, Sauna befindet sich im **Laugardalur** beim Campingplatz (Sundlaugarvegur, Laugardalslaug, Tel. 411 51 00, Mo.–Fr. 6.30–22.00, Sa., So. 8.00 bis 22.00 Uhr). Im **Whale Watching Centre** im Alten Hafen erfährt man alles über Wale und kann eine Walsafari buchen (Tel. 519 50 00, www.elding.is, im Sommer mehrmals tgl.).

EINKAUFEN

Beste Einkaufsmöglichkeiten findet man in den Straßen zwischen Austurvöllur und altem Hafen sowie in der **Lækjargata**, **Hverfiskgata**, **Skólavörðustígur** und **Laugavegur**. Rund 150 Läden unter einem Dach bietet die Mall **Kringlan** (Kringlan 4–12, www.kringlan.is).

Tipp

Eintritt frei!

Mit der **Reykjavík City Card** hat man freien Eintritt in die wichtigsten Museen, kann die öffentlichen Verkehrsmittel und die Schwimmbäder umsonst nutzen und bekommt in einigen Läden und Restaurants Rabatt.

INFORMATION

Für 24 Std. ISK 4000, für 48 Std. ISK 5600, für 72 Std. ISK 6900

INFOS & EMPFEHLUNGEN

NACHTLEBEN
Reykjavík ist am Wochenende bekannt für sein ausgelassenes Nachtleben. Die angesagte Konzertkneipe und Bar **Gaukurinn** (Tryggvagata 22, So.–Do. 14.00–1.00, Fr., Sa. 14.00–3.00 Uhr, https://gaukurinn.is) ist immer eine gute Wahl, ebenso das oft überfüllte **Kaffibarinn** (Bergstaðastræti 1, Fr. und Sa. 15.00–4.30, sonst bis 1.00 Uhr), die Kultkneipe zum reichlich schrägen Kultfilm „101 Reykjavík".

UNTERKUNFT
Das € € / € € € **Icelandair Hotel Reykjavík Marina** (Mýrargata 2, Tel. 444 40 00, www.icelandairhotels.com) ist wirklich cool. Originell eingerichtete individuelle Zimmer mit modernem Komfort, toller Blick auf den alten Hafen, schicke Lounge, Bar und Restaurant. Das über 100 Jahre alte Hauptgebäude des € € € **Exeter Hotel** (Tryggvagata 12, Tel. 519 80 00, www.keahotels.is) beherbergt ein nobles Hotel im Industrie-Chic.

RESTAURANTS
Exzellentes Essen und eine originelle Einrichtung aus Fischhaut und Birkenstämmen: Das € € € **Grillmarkaðurinn** (Lækjargata 2A, Tel. 571 77 77, www.grillmarkadurinn.is) gehört zu den besten Restaurants der Hauptstadt. Die € € **Íslenska Hamborgarafabrikkan** (Höfðatorgi 2, Tel. 575 75 75, www.fabrikkan.is) ist der neueste Trend. Lassen Sie sich von Kreationen wie „Miss Reykjavík" oder „Il Maestro" überraschen. Zur Sicherheit reservieren!

INFORMATION
What's on Tourist Info, Laugavegur 5
Tel. 55 1 36 00, www.whatson.is
https://visitreykjavik.is

❷ Hafnarfjörður

Die drittgrößte Stadt Islands (30 000 Einw.) liegt an einer hufeisenförmigen Bucht und besitzt einen der größten Häfen des Landes. Bekannt ist sie für ihr alljährliches Wikingerfest Mitte Juni. Die Einheimischen nennen Hafnarfjörður auch „Stadt in der Lava", denn sie entstand auf einem rund 8000 Jahre alten Lavafeld.

SEHENSWERT
Das **Sívertsens-Hús** (Vesturgata 6, Juni–Aug. tgl. 11.00–17.00 Uhr) vom Anfang des 19. Jh. ist das älteste Haus der Stadt und zeigt, wie der „Vater von Hafnarfjörður", Bjarni Sívertsen, einst lebte. Das **Pakkhúsið** nebenan (Vesturgata 8, Juni–Aug. tgl. 11.00–17.00, Do. bis 21.00, sonst Sa., So. 11.00–17.00 Uhr) informiert über die Entwicklung der Stadt.

ERLEBEN
Das Glück der Erde erlebt man (nicht nur, aber auch) im **Íshestar Reitzentrum** TOPZIEL bei Hafnarfjörður (www.ishestar.is/de).

UNTERKUNFT UND RESTAURANT
Von außen sieht das Restaurant € € € **Fjörukráin** (Strandgata 55, Tel. 565 12 13, www.fjoru-

Badefreuden in der Blauen Lagune in Reykjanes (oben); Gewächshaus in Hveragerði; Ausritt des Íshestar Reitzentrums.

krain.is, tgl. ab 18.00 Uhr) wie eine echte Stabkirche aus, innen ist es ein rustikales Wikingerrestaurant. Gegenüber kann man im € € € **Hotel Viking** stilecht nach Wikingerart, aber mit modernem Komfort übernachten.

INFORMATION
Touristeninformation, Strandgata 6
Tel. 585 55 00, www.visithafnarfjordur.is

❸–❺ Reykjanes

Die geologisch junge und deshalb vulkanisch und tektonisch noch ziemlich aktive Halbinsel Reykjanes ist ein Ausläufer des Mittelatlantischen Rückens. Mehrere Thermalgebiete werden zur Strom- und Wärmegewinnung genutzt.

SEHENSWERT
In ❸ **Keflavík** werden im Kulturzentrum Duushus (Duusgata 2-8, Tel. 420 32 45, https://sofr.reykjanesbaer.is/duusmuseum, tgl. 12.00 bis 17.00 Uhr) wechselnde Ausstellungen moderner Kunst sowie 59 Modellschiffe gezeigt. In ❹ **Reykjanesviti** gibt es einen Leuchtturm, einen Vogelfelsen und ein kleines Geothermalgebiet, das erst 1967 durch ein Erdbeben entstand. Im Kraftwerk Reykjanesvirkjun zeigt die multimediale Ausstellung **Power Plant Earth** (www.powerplantearth.is, Mitte Mai–Mitte Sept. tgl. 12.30–16.30 Uhr) diverse Methoden der Energiegewinnung.

ERLEBEN
Ein Bad im milchig blauen Wasser der zwischen Keflavík und Grindavík gelegenen ❺ **Blauen Lagune** TOPZIEL (Bláa Lónið, Tel. 420 88 00, www. bluelagoon.com) ist bei jedem Wetter ein – mindestens 60 Euro teures – Vergnügen. Nur wenige Termine für 60 Euro, in der Regel zahlt man mindestens 80 Euro.

RESTAURANTS
Im € € **Kaffi Duus** (Duusgata 10, Tel. 421 70 80, www.duus.is, ab 11.00 Uhr) sitzt man mit schönem Blick auf den alten Hafen von Keflavík und kann hervorragende Torten oder leckere wechselnde Tagesgerichte genießen. Das eher nüchtern eingerichtete € / € € **Papas Pizza** (Hafnargata 7a, Tel. 462 99 55, Mo.–Fr. 11.30–21.00, Sa./So. 12.00–21.00 Uhr) in Grindavík überzeugt mit hervorragenden Pizzen und ebensolchen Lammsteaks.

INFORMATION
Touristeninformation, in der Ankunftshalle des Flughafens Keflavík, www.visitreykjanes.is
Außerdem: Reykjanes Information Center Duus Culture Center, Duusgata 2-8
Tel. 42 0 32 46, Reykjanesbær

❻–❾ Golden Circle

Der Goldene Kreis verbindet die wichtigsten Sehenswürdigkeiten nordöstlich von Reykjavík. Ob organisiert oder auf eigene Faust, ist es die beliebteste Tagestour Islands.

SEHENSWERT
Den besten Ausblick über den ❻ **Þingvellir-Nationalpark** hat man vom Multimediazentrum in Hakið in der Nähe der Straße 36 (www. thingvellir.is, Juni–Aug. tgl. 9.00–18.00, sonst bis 18.30 Uhr). Hier kann man sich über die Geologie der Grabenzone informieren. Das Servicecenter an der Kreuzung der Straßen 36, 52 und 361 dient als Touristeninformation, Café und Zeltplatzverwaltung (Juni–Aug. 9.00–18.00 Uhr). Nur wenige Schritte von der Straße 35 entfernt liegt im Haukadalur der ❼ **Geysir Strokkur** TOPZIEL (Geysir Center mit Multi-

„Ein Besuch im Þingvellir-Nationalpark zeigt: Der Südwesten gehört zu den vulkanisch und geothermisch aktivsten Teilen der Insel."

mediashow, Restaurant, Souvenirladen, Tel. 480 68 00, www.hotelgeysir.is/geysir-center, Multimediashow Mai–Aug. tgl. 9.00–22.00, sonst 12.00–16.00 Uhr). Nur 5 km weiter liegt der ⑧ **Gullfoss TOPZIEL**. Vom Parkplatz mit Restaurant und Souvenirshop sind es wenige Minuten zum Wasserfall. Im einstigen Bischofssitz **Skálholt** ist die Domkirche zu besichtigen.

INFORMATION
siehe Hveragerði

⑩ Hveragerði

Der Ort an der Ringstraße östlich von Reykjavik ist bekannt für seine vielen Gewächshäuser. Sie liefern eine reiche Ernte an verschiedenem Gemüse und Schnittblumen.

SEHENSWERT
Mitten im Ort gibt es einen **Thermalpark** mit heißen Quellen und fauchenden Solfataren (Hveramörk, Mai–Aug. tgl. 8.00–18.00, sonst bis 17.00 Uhr).

ERLEBEN
Vom Parkplatz am Ende des Ortes kann man eine Wanderung ins Geothermalgebiet **Hengill** machen. Nach rund 90 Min. erreicht man in einem Bach eine warme Badestelle.

UNTERKUNFT
Das luxuriöse Boutique-Hotel € € € **Frost og Funi** (Tel. 483 49 59, www.frostogfuni.is) liegt ruhig am Ortsende am Fluss und bei den heißen Quellen. Mit Pool und Hot Pot.

INFORMATION
Touristeninformation, Sunnumörk 2
Tel. 483 46 01, www.hveragerdi.is
www.south.is

⑪ – ⑫ Akranes und Umgebung

Seit dem Bau des Hvalfjarðargöng-Tunnels kann man das Hafenstädtchen Akranes von Reykjavík aus in 45 Minuten erreichen.

SEHENSWERT/MUSEUM
Die von weitem erkennbaren Türme der Zementfabrik wirken auf den ersten Blick wenig anziehend, doch die am Fuß des Berges Akrafjall gelegene Stadt ⑪ **Akranes** hat einiges zu bieten: einen schönen Strand, ein interessantes Regionalmuseum (Garðar, https://museum.is, Mitte Mai–Mitte Sept. tgl. 10.00–17.00, sonst nach Vereinbarung Tel. 433 11 50), einen Leuchtturm und eine kleine, feine Einkaufsstraße. Ein Ausflug in die Umgebung führt in nordöstl. Richtung zu den ⑫ **Hraunfossar-Wasserfällen**.

INFORMATION
im Museum Gardar, Tel. 431 55 66
www.akranes.is

REYKJAVÍK UND DER SÜDWESTEN
46 – 47

Genießen   Erleben   Erfahren

Zwischen den Kontinenten

DuMont Aktiv

Im Þingvellir-Nationalpark kann man nicht nur wandern, sondern auch in eiskaltem Gletscherwasser schnorcheln und tauchen. Dieses Wasser ist kristallklar, und die Sicht beträgt hier mehr als hundert Meter, was weltweit einmalig ist.

Für diese unglaubliche Unterwassersicht gibt es zwei Gründe: Das Wasser hat das ganze Jahr über eine Temperatur um zwei Grad Celsius, und es ist das Schmelzwasser des rund 50 km entfernten Langjökull, das jahrelang durch Lavagestein floss und dabei gefiltert wurde. Bevor man schnorcheln oder tauchen gehen kann, muss man sich aber erst mal warm anziehen – eine ziemlich mühselige Prozedur. Lange Unterwäsche, warme Socken – erst dann zwängt man sich in den Dry Suit. Jetzt fehlen nur noch Handschuhe, Mütze, Taucherbrille und Schnorchel sowie Flossen, damit es dann endlich losgehen kann.

Das Wasser ist wirklich eiskalt. Aber es lohnt sich, vor allem wenn die Sonne scheint: Dann fluoreszieren die fadenförmigen Algen an den Felsen in einem unwirklichen Grün. Durch das klare Wasser verliert man jedes Gefühl für Tiefe. Nur die aufsteigenden Luftblasen der Taucher sorgen für Orientierung. Am Ende des Tauchgangs lässt man sich durch die flache Silfra-Lagune treiben, bevor es an Land Kekse und heißen Kakao gibt.

Auf einen Blick

The Sport Diving School of Iceland
Hólmaslóð 2, Reykjavík, Tel. 578 62 00,
www.dive.is, Preis ab rund 20 000 ISK
Schnorchel- und Tauchausflüge

Arctic Adventures
www.adventures.is
Schnorchel- und Tauchausflüge,
Höhlenwanderungen

Gut vor der eisigen Kälte geschützt, kann man sich den Schönheiten des Gletscherwassers hingeben. Unter Wasser herrschen weltweit einzigartige Sichtverhältnisse.

SNÆFELLSNES UND DIE WESTFJORDE
48 – 49

Einsame Fjorde und ein magischer Vulkan

Die markanteste Landmarke Westislands ist die weit ins Meer reichende, vom schneebedeckten Vulkan Snæfellsjökull gekrönte Halbinsel Snæfellsnes. Rund ein halbes Dutzend Meeresarme dringen tief ins Land vor. Hier ist die Einsamkeit grenzenlos – karges Land und hartes Klima bieten dem Menschen kaum eine Lebensgrundlage.

Von Wind und Wetter geformt: Steinbogen bei Arnarstapi an der Südküste der Halbinsel Snæfellsnes

Heimelig: Restaurant & Bar Arnarbær in Arnarstapi

Andere Länder, andere Sitten: Was in Island auf den Tisch kommt, ist nicht immer jedermanns Geschmack. So gilt das Fleisch des Grönland- oder Eishais „eigentlich" für den Menschen als ungenießbar – in getrockneter Form wird es als Hundefutter verwendet. Zur – in Island „Hákarl" genannten – Delikatesse wird das Fleisch in fermentierter Form. Allerdings muss man sich sowohl an den Geschmack als vor allem auch an den Geruch erst einmal gewöhnen. Der deutsche Starkoch Vincent Klink sprach in diesem Zusammenhang vom „Gammelhai" und meinte, der Geschmack erinnere ihn „an überreifen Käse, Romadur im Endstadium zum Beispiel, mit einem Schuss Pferdeurin".

Einsam: Kirche in Hellnar, einem westlichen Nachbarn von Arnarstapi an der Südküste der Halbinsel Snæfellsnes

Bunt: Hafen von Stykkishólmur, dem größten Ort auf der Halbinsel Snæfellsnes

Spezialität: Hofbesitzer Hildibrandur Bjarnason auf dem auch als Museum eingerichteten Haifischhof Bjarnarhöfn zwischen Stykkishólmur und Grundarfjörður mit einem Stück Grönlandhai

Für Naturwissenschaftler ist der Snæfellsjökull ein gut 1400 Meter hoher Stratovulkan mit kleiner Gletscherkuppe und einem Kraterbecken von einem Kilometer Durchmesser. Obwohl der Vulkan zuletzt vor rund 2000 Jahren aktiv war, gilt er nicht als erloschen. Für viele besitzt der Berg sogar magische Kräfte, denn er soll eine ungeheure Energie verströmen und eines der stärksten Kraftfelder der Erde besitzen. Selbst UFOs sollen hier schon gelandet sein. Auch eher nüchtern veranlagte Menschen sind von der grandiosen Landschaft der Halbinsel fasziniert.

Der Zauberberg

Rund um den Vulkankegel mit der – im Sommer fast zur Gänze abschmelzenden – Schneekappe stößt man immer wieder auf Spuren des Sagahelden Bárður Snæfellsás, eines der ersten Siedler in der Gegend. Von ihm wird erzählt, dass er viel größer und stärker als andere war, weil in seinen Adern Trollblut floss. Lange Zeit wurde Bárður auf Snæfellsnes als eine Art Schutzgeist verehrt und in der Not angerufen. In Arnarstapi gibt es eine überlebensgroße Statue von ihm aus Lavasteinen. Im Jahr 1863 war es dann Jules Verne, der die Handlung seines fantastischen Romans „Die Reise zum Mittelpunkt der Erde" an diesen Zauberberg verlegte. Auch Islands Nationaldichter und Literaturnobelpreisträger Halldór Laxness wählte für seine Romane „Am Gletscher" und „Weltlicht" die eindrucksvolle Kulisse des Snæfellsjökull. In „Weltlicht" schwärmt Laxness: „Wo der Gletscher den Himmel trifft, hört das Land auf irdisch zu sein und die Erde wird eins mit dem Himmel. Es gibt keine Sorgen mehr, und deshalb ist Freude nicht erforderlich. Dort regiert nur die Schönheit, jenseits allen Verlangens."

Selbst die Krimiautorin Yrsa Sigurðardóttir kann sich der Faszination des Snæfellsjökull nicht entziehen und lässt ihren Roman „Das gefrorene Licht" hier spielen. Geschickt verquickt sie Mystik mit Realem und gibt spannende Einbli-

Ohne Schafe keine Islandpullover! Wikinger brachten die genügsamen, robusten Tiere auf die Insel.
Die Wolle ist besonders leicht, aber warm. Ideal für die berühmten Islandpullover.

„Réttir" (Abtrieb) heißt ein jährlich im September stattfindendes, von fröhlichen Festen in allen Regionen der Insel begleitetes Spektakel, bei dem die Bauern ins Hochland reiten, um die dort in alle Himmelsrichtungen verstreuten Tiere wieder zurück in die Täler zu bringen.

Geschafft! Die Islandpferde, die den Sommer unbeaufsichtigt auf den Weiden im Hochland verbracht haben, sind nun wieder zusammengetrieben.

Hexenprozesse

Special

Magisches und Makabres

Auch in Island gab es Prozesse wegen Hexerei und Magie, allerdings nur während eines relativ kurzen Zeitraums im 17. Jahrhundert. Die meisten Fälle ereigneten sich in den Westfjorden.

Zur Zeit der Hexenprozesse besaß eine einzige Familie in den Westfjorden fast das ganze Land. Die armen Bauern hatten damals fast keine Chance, zu Wohlstand zu gelangen. Deshalb versuchten sie ihr Glück mithilfe übernatürlicher Mittel. Eines der makabersten ist die Leichenhose. Dazu muss ein Zauberer einen Toten ausgraben, ihn von der Taille abwärts häuten und dann in diese Hülle schlüpfen. Dann muss er einer alten Witwe eine Münze stehlen und in den Hodensack stecken. Diese Münze wird fortan Geld von lebenden Personen einsammeln und den Zauberer reich machen. Die Nachbildung solch einer Leichenhose ist im Hexenmuseum von Hólmavík zu sehen.

Rabenschwarzes im Museum in Hólmavík

Anders als im übrigen Europa wurden in Island fast nie Frauen angeklagt. Unter den 21 Menschen, die erwiesenermaßen auf dem Scheiterhaufen starben, war nur eine Frau. Gewöhnlich hatte der Angeklagte die Möglichkeit, freigesprochen zu werden, wenn er zwölf Leute gehobenen Standes dazu brachte, auf seine Unschuld zu schwören. Gelang ihm das jedoch nicht, galt seine Schuld als erwiesen.

cke in die Geisterwelt und uralte Sagen – alles vor der Kulisse eines der schönsten und rätselhaftesten Berge Islands.

Starke Männer

In der Dritvíkbucht erinnert heute nichts mehr an eine der größten Fischfangstationen im 19. Jahrhundert. Von Anfang April bis Mitte Mai arbeiteten damals in Dritvík bis zu 600 Männer, die in ihren Booten zum Fischfang aufs Meer ruderten. Am nahen Strand Djúpalónssandur, der von bizarren Felstürmen eingerahmt ist, hat man einen schönen Blick auf die weiße Kappe des Snæfellsjökull. Weit verstreut auf dem schwarzen Sand liegen die rostigen Reste des Trawlers „Epine", der hier 1948 während eines schweren Sturms regelrecht in Stücke gerissen wurde. Etwas weiter landeinwärts liegen vier unscheinbare Steine auf dem Strand. Fischer, die sich früher um einen Job auf einem Dritvíkboot bewarben, mussten als Einstellungstest diese Kraftprobesteine auf einen Felsabsatz in Hüfthöhe heben können.

Eine starke Frau

Gar nicht weit entfernt, in der Nähe des kleinen Ortes Hellnar, befindet sich das unscheinbare Denkmal für Guðríður Þorbjarnardóttir. Der bekannte isländische Bildhauer Ásmundur Sveinsson

Naturidyll Westfjorde: Die Schafe (oben) haben den diesjährigen Abtrieb offenbar schon hinter sich. Der Mann vor dem grandiosen Wasserfall Dynjandi (rechts) hat vermutlich ein heftiges Rauschen im Ohr, während Kajakfahrer auf dem Mjóifjörður eher ruhig ihre Bahnen ziehen …

Nahe dem Hafen in Borgarnes schuf der Künstler Bjarni Þór aus Akranes eine Thorgerdur Brak, einer isländischen Sagengestalt gewidmete Skulptur.

Auf dem Weg zum Westkap: Breiðavík bietet sich als Standort für diejenigen an, die sich mehr als einen halben Tag lang am Látrabjarg aufhalten wollen. So einladend die Strände in dieser großen Bucht auch sind – das Wasser ist viel zu kalt, um darin zu schwimmen.

hat es für die Weltausstellung 1938 in New York angefertigt und nannte es „Die erste weißhäutige Mutter in Amerika". Kopien dieser Skulptur stehen in Glaumbær, Toronto und Winnipeg.

Guðriður wurde gegen Ende des 10. Jahrhunderts in Hellnar geboren und zog später mit ihren Eltern nach Grönland. Von dort brach sie mit ihrem zweiten Mann nach Vinland auf und verbrachte drei Jahre an unterschiedlichen Orten an der Ostküste Amerikas. Dort bekam sie einen Sohn, Snorri, der das erste Kind europäischer Abstammung war, das in Amerika geboren wurde. Wegen ständiger Auseinandersetzungen mit den Ureinwohnern kehrte die Familie schließlich nach Island zurück und ließ sich im Skagafjörður nieder. Später unternahm Guðriður noch eine Pilgerreise nach Rom und war damit wohl die erste Frau, die nach Rom und Nordamerika gereist ist.

Vom Eis geformt

Die Westfjorde sind der älteste Teil Islands. Die gewaltigen Tafelberge aus dunklem Basalt stammen zum Großteil noch aus dem Tertiär, deshalb gibt es auch keine vulkanischen Aktivitäten mehr. Nur vereinzelt dringen noch warme Quellen an die Oberfläche. So sind die Landschaftsformen mehr von der letzten Eiszeit als vom Vulkanismus geprägt. Typisch sind die von Gletschern ausgehobelten Trogtäler und die teils weit in die Fjorde hineinreichenden Endmoränen. Diese Sandbänke waren der beste, oft allerdings auch der einzige Platz für ein paar Häuser.

In den Westfjorden hat Island oft eine verblüffende Ähnlichkeit mit Norwegen, das seine heutige Gestalt auch zum Großteil der letzten Eiszeit verdankt. Vor allem die Buchten Breiðavík und Látravík mit ihren Traumstränden vor einer gewaltigen Bergkulisse zählen zum Schönsten, was Island zu bieten hat. Bei Sonnenschein fühlt man sich wie im Süden, möchte ins Meer laufen und durch die Brandung tauchen, stellt

Einen Eindruck vom harten Arbeitsalltag der isländischen Fischer bekommt man am Ortseingang von Bolungarvík in der originalgetreu wieder aufgebauten Fischereistation Ósvör (oben). Rund ein Drittel aller in den Westfjorden lebenden Menschen ist in Ísafjörður (unten links) zu Hause. Wer die einsamen Regionen Islands mit dem Mountainbike erkunden will (unten rechts), braucht viel Ausdauer und eine gute Kondition.

An die Strandirküste am Westufer der Húnaflóibucht verirren sich nur selten Besucher. Kein Wunder: Allenfalls Feen, Geister und Trolle treiben hier ihr Unwesen, früher sollen hier auch Hexen und Zauberer aktiv gewesen sein ...

dann aber schnell fest, dass man doch fast am Polarkreis ist und der Atlantik auch im Sommer kaum wärmer wird als 10°C. Überhaupt ist das Klima hier noch härter als im Rest Islands, Sturm, Regen und Nebel schlagen aufs Gemüt, Schnee macht im Winter viele Straßen unpassierbar – selbst im Sommer dauert die Fahrt nach Reykjavík lange. In den meisten Orten leben nur noch wenige hundert Menschen, und niemand hat eine Idee, wie die Landflucht in den Westfjorden dauerhaft aufgehalten werden könnte.

Entspannung im Hot Pot

Die Isländer steigen bei jeder Gelegenheit in einen Hot Pot: eine mehr oder minder große Badewanne, möglichst unter freiem Himmel. Jeder noch so kleine Ort besitzt ein Schwimmbad, in dem man für ein paar Euro planschen darf. Zur Standardausstattung gehören ein Schwimmbecken mit mindestens 30°C warmem Wasser sowie mindestens zwei Hot Pots mit angenehmen 37°C und heißen 40°C. In diesen Hot Pots entspannt man sich, meditiert, trifft Freunde und diskutiert die aktuelle politische Lage. Bis zum Hals im warmen Wasser stören auch der stärkste Regen und der garstigste Wind nicht, im Winter setzt man sich eine Mütze auf. Den ersten Hot Pot

gab es schon zur Sagazeit. Bauen ließ ihn der kluge Staatsmann und Historiker Snorri Sturluson im 13. Jahrhundert in Reykholt. Auch Snorris Freiluftbadewanne war schon rund wie fast alle Hot Pots heute und bot Platz für den luxusliebenden Staatsmann und rund ein Dutzend seiner Freunde. Archäologen haben die Badestelle rekonstruiert, man kann sie sich in Reykholt anschauen.

Es gibt diese Hot Pots aber nicht nur in Schwimmbädern, sondern auch mitten in der Natur, wo eine heiße Quelle an die Oberfläche sprudelt. Auch wenn das Wasser in diesen Naturpools oft mehr oder weniger stark nach Schwefel riecht, kann man in ihnen die Einsamkeit oder einen Blick auf die Landschaft genießen.

Spannung mit drei Trollen

Das Dorf Drangsnes, am Nordufer des Steingrímsfjörður, bekam seinen Namen von einem Felsen vor der Küste, der der Legende nach ein versteinerter Troll sein soll: Vor langer Zeit beschlossen zwei Trollmänner und ein Trollweib die Westfjorde durch einen Graben zwischen dem Breiðafjörður und der Bucht Húnaflói vom Rest des Landes abzutrennen. Die Trolle schaufelten die ganze Nacht und hörten erst auf, als der Tag anbrach und sie vor der Sonne fliehen mussten. Die beiden Trollmänner rannten nach Norden, doch als sie den Kollafjörður erreicht hatten, ging die Sonne auf und sie wurden zu Stein. Das Trollweib, das im Húnaflói gegraben hatte, sprang ebenfalls eilig nach Norden, machte beim Felsabsturz Malarhorn

In den meisten Orten an den Westfjorden leben nur noch wenige hundert Menschen.

halt und sah von dort, dass die anderen Trolle viel produktiver gearbeitet hatten. Außer sich vor Wut schleuderte sie ihre Axt so heftig zu Boden, dass ein Stück von der Klippe abbrach. In dem Moment ging die Sonne auf, und auch das Trollweib erstarrte zu Stein.

VULKANISMUS

Leben über dem Hot Spot

Island ist das jüngste Land Europas. Geologisch betrachtet befindet sich die Insel praktisch noch im Babyalter. Deshalb verändert sich Island auch noch ständig, vor allem durch Vulkanausbrüche.

Island liegt genau auf dem mehr als 20 000 Kilometer langen Mittelatlantischen Rücken. An dieser Plattengrenze driften die nordamerikanische und die eurasische Kontinentalplatte mit einer durchschnittlichen Geschwindigkeit von zwei Zentimetern pro Jahr auseinander. Durch diese Spreizung des Meeresbodens gelangt laufend Magma an die Oberfläche, das die Lücke wieder schließt. Besonders eindrucksvoll ist die Grenze zwischen den Kontinentalplatten in der Allmännerschlucht im Nationalpark Þingvellir zu sehen: Nirgendwo sonst ist die Plattentektonik anschaulicher als an dieser Nahtstelle zwischen Amerika und Europa.

Die größte Vulkaninsel

Die Grenze zwischen nordamerikanischer und eurasischer Kontinentalplatte verläuft in Island vom äußersten Südwesten bis in den Nordosten. Dies führt zu einem rund 50 Kilometer breiten, geologisch höchst aktiven Streifen, auf dem zahlreiche Vulkane, heiße Quellen, Hochtemperaturgebiete und seismische Aktivitäten vorkommen. Zudem liegt unter Island noch ein Hot Spot, der besonders viel Magma aus dem Erdinnern an die Oberfläche befördert.

Die Geburtsstunde der Insel liegt ungefähr 15 bis 20 Millionen Jahre zurück, als die ersten unterseeischen Vulkane die Wasseroberfläche durchbrachen. Seitdem sind die Platten stetig weiter auseinandergedriftet. Diese wenigen Zentimeter pro Jahr haben schließlich nach und nach dazu geführt, dass Island heute eine Fläche von gut 100 000 Quadratkilometern hat und zur größten Vulkaninsel weltweit herangewachsen ist.

Das stetige Auseinanderdriften hat zur Folge, dass sich die ältesten Teile der Insel im äußersten Osten und Westen befinden. Das älteste Gestein, rund 14 Millionen Jahre alter Basalt, wurde in den Westfjorden gefunden. In diesen weit von der Plattengrenze entfernten Gebieten gibt es keine aktiven Vulkane mehr, sondern nur noch vereinzelt postvulkanische Aktivitäten. Hier ist die Landschaft zudem deutlich von der letzten Eiszeit geprägt.

Aktiv und gefährlich

Der Vulkanismus auf Island ist immer wieder faszinierend anzusehen, doch er hat die Bevölkerung schon mehr als einmal in tiefe Not gestürzt. Nach dem Ausbruch der Laki-Krater erwog man sogar, die ganze Insel zu evakuieren.

Seit der Besiedlung vor 1100 Jahren gab es durchschnittlich alle fünf Jahre einen Vulkanausbruch. Geologen gehen davon aus, dass rund ein Drittel der weltweit von Vulkanen geförderten Lava in Island ausgetreten ist.

Schafe und andere Tiere erfasst mitunter Unruhe vor dem Ausbruch (oben). Wissenschaftler zeichnen noch die kleinsten tektonischen Verschiebungen auf (unten). Dennoch können Vulkanausbrüche nicht langfristig vorhergesagt werden.

Der Ausbruch des Eyjafjallajökull 2010 beeinträchtigte den europäischen Flugverkehr mehrere Tage massiv.

Das älteste Gestein wurde in den Westfjorden gefunden: rund 14 Millionen Jahre alter Basalt.

Bei Spaltenvulkanen tritt die Lava (1973 auf den Westmännerinseln) entlang einer kilometerlangen Spalte aus.

Oft sind die Folgen von Vulkanausbrüchen hier besonders verheerend, denn der größte Gletscher Europas, der Vatnajökull, liegt auf der Plattengrenze und bedeckt einige der aktivsten Vulkane mit einer mehrere hundert Meter dicken Eisschicht. Brennt sich Lava durch diesen Eispanzer, kommt es zusätzlich noch zu verheerenden Gletscherläufen.

Dorado für die Wissenschaft
Für Geowissenschaftler ist Island eines der spannendsten Gebiete auf der Welt. Wie in einem riesigen Freilandlabor können sie hier die Vorgänge in einem extrem aktiven Teil der Erdkruste beobachten. So lassen sich Rückschlüsse auf die Vorgänge im Erdinneren und die Entstehung der Erde ziehen. Doch obwohl die Wissenschaftler viele Vulkane mittlerweile regelrecht verkabelt haben und eine Vielzahl von Parametern im Auge behalten, können sie Ausbrüche immer noch nicht langfristig vorhersagen – bei Erdbeben gibt es praktisch überhaupt keine Vorwarnmöglichkeiten.

Faszinierende Vielfalt
Auf Island gibt es so gut wie alle Vulkantypen. Nach der Art des Magmenzufuhrsystems unterscheidet man zwischen Spaltenvulkanen und Zentralvulkanen. Bei Spaltenvulkanen tritt die Lava entlang einer kilometerlangen Spalte aus, dabei können auch kleine Krater entstehen. Auf den Westmännerinseln öffnete sich 1973 solch eine Spalte, auch die Feuerschlucht Eldgjá und die Laki-Spalte sind von diesem Typ.

Zentralvulkane können unterschiedliche Formen haben: Stratovulkane erkennt man am perfekt geformten, relativ steilen Kegel. In Island sind dies Snæfellsjökull, Eyjafjallajökull, Öræfajökull und der Hvannadalshnúkur, die alle unter dem Eis liegen. Dünnflüssige Lava bildet eher Schildvulkane mit flachen Hängen.

Weitere Phänomene
Am Mývatn gibt es sogenannte Pseudokrater. Dies sind keine echten Vulkane, denn sie haben keinen Schlot, durch den Lava ausgetreten ist. Sie entstanden durch Lavaströme, die über feuchten Untergrund oder flache Seen flossen. Durch die Hitze verdampfte das Wasser explosionsartig und sprengte die darüber liegende Lava weg.

Postvulkanische Aktivitäten wie Solfataren, Fumarolen, heiße Quellen und Geysire entstehen, wenn sich Magma im Erdinneren abkühlt und dabei Gase und Dämpfe freisetzt, die durch Spalten und Risse bis an die Erdoberfläche dringen.

Buchtipp
....

Ari Trausti Guðmundsson
Lebende Erde. Facetten der Geologie Islands Reykjavík 2007.
Zu beziehen ist dieses Standardwerk zum Beispiel bei Amazon.

SNÆFELLSNES UND DIE WESTFJORDE
60 – 61

Verlässlich: In regelmäßigen Abständen sprüht der Strokkur seine Fontäne in die Luft.

UNSERE FAVORITEN

Die besten Thermalquellen

Isländischer Badespaß

In jedem noch so kleinen Ort gibt es ein Schwimmbad und in jedem Schwimmbad mindestens einen Hot Pot mit badewannenwarmem Wasser. Da überall auf der Insel heißes Wasser aus dem Boden sprudelt, gibt es zudem noch viele Naturbadestellen, die ein einmaliges Bade- und Naturerlebnis vermitteln.

1 Nautshólsvík

Der Atlantik rund um Island verlockt eigentlich nicht zum Baden. Es sei denn, man leitet geothermal erwärmtes Wasser, das es in Island reichlich gibt, in eine Bucht. Dann kann man in 15–19° C warmem Wasser baden und danach am Sandstrand von südlicheren Gefilden träumen. Wer trotzdem friert, kann sich vor dem nächsten Bad im Meer im Hot Pot aufwärmen.

Reykjavík, Nautshólsvegur
www.nautsholsvik.is
unterschiedliche Öffnungszeiten, von Mitte Mai bis Mitte Aug. freier Eintritt, sonst ab 650 ISKi

2 Laugardalur

Im Tal der heißen Quellen befindet sich das größte Freibad von Reykjavík. Hier kann man das ganze Jahr über in herrlich warmem Wasser planschen oder in einem 50-Meter-Becken sportlich seine Bahnen ziehen. Das Angebot ist vielfältig und teils auch für Kinder interessant: Hot Pots, Whirlpool, Dampfbad, Solarium und eine Wasserrutschbahn lassen keine Langeweile aufkommen.

Reykjavík
Sundlaugarvegur 301
Tel. 411 51 00
www.sundlaugar.is
Mo.–Fr. 6.30–22.00, Sa., So. 8.00–22.00 Uhr
Erwachsene ISK 1030, Kinder 160

3 Seltjarnarnes

Den Vorort von Reykjavík hat sich die Künstlerin Ólöf Nordal für eines ihrer Werke, den Bollasteinn (Tassenstein), ausgesucht. In den ausgehöhlten Felsblock, der Platz für rund ein Dutzend Füße bietet, fließt Wasser einer heißen Quelle. Einheimische nehmen hier gerne ein warmes Fußbad und genießen den Sonnenuntergang.

Anfahrt: von Reykjavík in Richtung Seltjarnarnes fahren, dann auf der Uferstraße (Norðurströnd) bis zum Parkplatz

UNSERE FAVORITEN
62 – 63

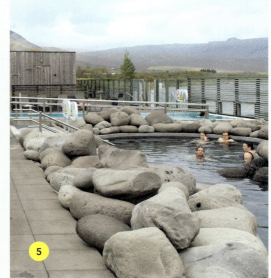

4 Gamla laugin

Obwohl der kleine Ort Flúðir nicht weit vom Golden Circle liegt, geht es hier ruhig zu. Doch der Abstecher lohnt wegen des ältesten, jüngst renovierten Pools Islands. In dem kleinen See, der still vor sich hin dampft, kann man, bis zum Hals im warmen Wasser, den nahen Litli Geysir beobachten, der alle paar Minuten eine kleine Wasserfontäne ausstößt. Unweit davon locken die warmen Thermalbäche (Bild).

Flúðir, Hvammsvegur
Tel. 861 02 37
www.secretlagoon.is
Juni–Sept. tgl. 10.00–22.00, Okt.–Mai tgl. 11.00–20.00 Uhr; Eintritt ISK 3000, bis 14 Jahre frei

5 Laugarvatn Fontana

Eine Alternative zur Blauen Lagune. Kleiner, nicht so teuer und lange nicht so überlaufen. Das moderne Thermalbad, mit viel Holz und Naturstein gestaltet, liegt direkt am schwarzen Sandstrand des Laugarvatn. Von den unterschiedlich warmen Pools eröffnet sich ein schöner Blick auf den See.

Laugarvatn, Hverabraut 1
Tel. 486 14 00
www.fontana.is
Juni–Aug. tgl. 10.00–22.00, sonst 11.00–22.00 Uhr
Eintritt Erw. ISK 3800, Kinder 13–16 Jahre ISK 2000

6 Krossneslaug

Es ist das wohl einsamste Schwimmbad Islands an der Nordostküste der Westfjorde. Im rund 30 °C warmen Becken kann man ein paar Bahnen schwimmen und vom 40 °C warmen Hot Pot direkt aufs Meer schauen. Oft ist man hier ganz alleine, kann die salzige Luft schnuppern und der Brandung lauschen.

Einige Kilometer nördlich von Hólmavík zweigt die Straße 643 ab, dieser folgt man entlang der Küste. Kurz vor dem Ende der Straße trifft man auf das Schwimmbad. Eintritt frei

7 Tálknafjörður

Für Besucher der Westfjorde lohnt ein Abstecher nach Tálknafjörður. Die drei hellblauen Betonbecken sind mit unterschiedlich warmem Wasser gefüllt, so kann sich jeder seine ganz persönliche Wohlfühltemperatur aussuchen. Da die Becken etwas versteckt oberhalb der ohnehin wenig befahrenen Straße liegen, stößt man kaum zufällig auf sie. Deshalb hat man sie meist ganz für sich alleine und kann in Ruhe die Aussicht auf den Fjord und die Berge am gegenüberliegenden Ufer genießen.

Anfahrt: Von Tálknafjörður (siehe Karte S. 64, nordöstlich von Punkt 8) fährt man noch ca. 3 km weiter auf der Straße 617 in nordwestlicher Richtung und biegt dann in einen kleinen Weg nach rechts ab.

9000 Quadratkilometer Einsamkeit

Schon die Halbinsel Snæfellsnes ist dünn besiedelt. Doch die Westfjorde mit ihren gewaltigen Tafelbergen und einsamen Stränden sind dazu noch eine Steigerung. Auf 9000 Quadratkilometern leben hier nur noch rund 7000 Menschen in einer Naturlandschaft der Superlative.

❶ Borgarnes

Auch wenn Borgarnes (2000 Einw.) heute modern und nüchtern wirkt, handelt es sich doch um einen geschichtsträchtigen Boden, denn hier hat sich vor rund 1000 Jahren die Egils saga zugetragen. Deshalb sind so gut wie alle Straßennamen nach Personen und Ereignissen dieser Saga benannt.

SEHENSWERT

Im Park **Skallagrímsgarður** gibt es einen kleinen Hügel, in dem man ein Wikingergrab gefunden hat. Vielleicht handelt es sich dabei um das Grab von Egils Vater, Skallagrímur. Die **Landnahmeausstellung** berichtet unterhaltsam, wie die ersten Siedler in Island ankamen, und in der **Egilausstellung** erfährt man viel über die beliebteste isländische Saga und die Abenteuer des Helden Egil (Landnámssetur, Brákarbraut 13–15, Tel. 437 16 00, www.landnam.is, tgl. 10.00–21.00 Uhr, Eintritt 2500 ISK).

RESTAURANTS

Das Restaurant im € / € € € **Landnahmezentrum** gefällt mit hellen, modernen Räumen in einem historischen Haus von 1877. Kaffee, Kuchen, leichte Speisen sowie das Tagesgericht sind immer eine gute Wahl.

UMGEBUNG

Ein rund 100 km langer Abstecher, anfangs auf der Str. 50, führt ins nordöstlich gelegene **Reykholt**. Hier lebte um das Jahr 1200 Snorri Sturluson, der mächtigste Mann seiner Zeit und Autor der Heimskringla, einer Schrift über die norwegischen Könige. Neben der Schule rekonstruierten Archäologen den Hot Pot von Snorri. Fährt man weiter, kommt man zu den bereits im ersten Kapitel erwähnten **Hraunfossar**-Wasserfällen, die auf einem Kilometer Länge aus einer dicht bewachsenen Felswand in das Tal der Hvítá plätschern. Schließlich erreicht man den von zahlreichen Höhlen durchzogenen Lavastrom **Hallmundarhraun**.

INFORMATION

Borgarnes Region Information Centre
Borgarbraut 58–60, Tel. 437 22 14
www.west.is

Snæfellsnes-Halbinsel: Immer wieder zaubern Wind und Wetter dramatische Szenerien.

❷ – ❸ Snæfellsnes

Wie ein langer Finger ragt die nur 10 bis 30 km breite Halbinsel ❷ **Snæfellsnes** 80 km weit ins Meer. Ihr Rückgrat bildet eine Bergkette, an deren Ende der markante Vulkan Snæfellsjökull mehr als 1400 m aufragt. Die aussichts- und abwechslungsreiche Fahrt auf der Küstenstraße ist rund 300 km lang. Seit 2001 sind 167 km² rund um den Vulkan als Snæfellsjökull-Nationalpark unter Schutz gestellt.

SEHENSWERT

Vom kleinen Ort ❸ **Arnarstapi** an der Südküste blickt man auf den Sandstrand in der geschwungenen Bucht Breiðavík und den kegelförmigen Berg Stapafell. In den bizarr erodierten Basaltklippen rund um den Hafen nisten im Sommer viele Seevögel. Der Nachbarort **Hellnar** liegt ebenfalls wunderschön an einer wilden Küste. Weithin sichtbar ist die Kirche, lohnend auch der Besuch des Nationalparkzentrums. Es bietet neben allgemeinem Infomaterial zur Region eine sehenswerte Ausstellung über den Nationalpark. Zwischen Hellnar und Hellisandur lohnen mehrere Abstecher über Stichstraßen zur Küste: zum Leuchtturm von **Malarrif**, zum Sandstrand Djúpalónssandur und zu den eigenwilligen Felsen **Tröllakirkja**. Ólavsvík und **Grundarfjörður** an der Nordküste sind alte Handelsplätze und Fischereihäfen.
In einem denkmalgeschützten Lagerhaus in **Ólavsvík** befindet sich neben der Touristeninformation ein kleines maritimes Museum (Gamla Pakkhúsið, Tel. 433 69 30, Juni–Aug. tgl. 12.00–17.00 Uhr).

ERLEBEN

Im Nationalparkzentrum bekommt man eine Karte mit 35 Wandervorschlägen. Ein schöner Spaziergang (Länge 2,5 km) entlang der Steilküste führt von Arnarstapi nach Hellnar. Am Ende der Wanderung erwartet den Wanderer das einfache Café Fjöruhúsið. In herrlicher Lage am alten Hafen kann man auf der Terrasse bei leckeren Kleinigkeiten dem Geschrei der Seevögel lauschen.

INFOS & EMPFEHLUNGEN

UNTERKUNFT
Das € € € **Hótel Búðir** (Tel. 435 67 00, www.hotelbudir.is) östlich von Arnarstapi begeistert durch vielfältigen Luxus: die Solitärlage, die Aussicht auf Meer und Berge, die gelungene Mischung aus Alt und Neu, die unterschiedlich eingerichteten Zimmer sowie die Kochkunst vom Feinsten.

RESTAURANT
Das € **Kaffihús Gamla Rif** (Háarif 3, Mitte Juni bis Ende Aug. tgl. 12.00–20.00 Uhr) befindet sich im ältesten Haus von Rif. In der guten Stube fühlt man sich bei selbst gebackenem Kuchen oder der Tagessuppe wie zu Hause.

INFORMATION
Nationalpark-Informationszentrum
Hellnar, Tel. 436 68 60
www.west.is

❹ Stykkishólmur

Stykkishólmur (1200 Einw.) ist der größte Ort der Halbinsel und lebt seit jeher von seinem geschützten Hafen. Das Ortsbild wird von zahlreichen bunten historischen Häusern auf den Felsen rund um den Hafen geprägt.

SEHENSWERT/MUSEUM
Im ehemaligen Versammlungshaus befindet sich das **Vulkanmuseum**, in dem der Vulkanologe Haraldur Sigurðsson seine umfangreiche Sammlung, darunter viele Gemälde, zeigt (Eldfjallasafn, Aðalgata 8, Tel. 433 81 54, www.eldfjallasafn.is, Mai–Sept. tgl. 11.00–17.00 Uhr, sonst So., Mo. geschl., Eintritt 1000 ISK). Einen Einblick in das Leben im 19. Jh. bietet das **Norska húsið**, das einst einem reichen Kaufmann gehörte (Hafnargata 5, Tel. 433 81 14, Mai–Aug. tgl. 11.00–17.00 Uhr).

ERLEBEN
Einige Treppenstufen führen vom Hafen hinauf zum kleinen, bunten Leuchtturm, der Blick auf Stykkishólmur und das Meer könnte nicht besser sein. Touren zur Vogelbeobachtung und zum Angeln sowie Tagesausflüge zur Insel Fla-

> **Tipp**
>
> ## Wasserkunst
>
> Die Wasserbibliothek in Stykkishólmur ist eine Installation der amerikanischen Künstlerin Roni Horn aus 24 mit Gletscherwasser gefüllten Glassäulen. Von dem architektonisch interessanten Haus oberhalb des Hafens hat man einen schönen Ausblick.
>
> Vatnasafn
> Bókhlöðustígur 17
> Mai–Sept. tgl. 11.00–17.00 Uhr
> www.libraryofwater.is

Gletscherkappe des Vulkans Snæfellsjökull (oben) im Sommer. Papageitaucher (o.r.). Café im Regionalmuseum in Ísafjörður.

tey bietet **Seatours** (www.seatours.is). Die Fähre „Baldur" verkehrt im Sommer zweimal tgl. zwischen Stykkishólmur und Brjánslækur in den Westfjorden mit kurzem Stopp auf Flatey (Büro im Hafen, Tel. 4332254, www.seatours.is).

RESTAURANT
In dem alten Holzhaus € € / € € € **Narfeyrarstofa** (Aðalgata 3, Tel. 438 11 19, https://narfeyrarstofa.is) in Hafennähe sitzt man gemütlich und bekommt im Café preiswerte Tagesgerichte. Abends gibt es Lamm, Muscheln oder Fisch – alles mit viel Knoblauch zubereitet.

EINKAUFEN
Typisch isländisches Kunsthandwerk kann man in der **Gallerí Lundi** (Frúarstigur 2, tgl. 12.30 bis 18.00 Uhr) erwerben.

INFORMATION
Tourist Information Centre
Aðalgata 29 (auf dem Golfplatz)
Tel. 433 81 20, www.visitstykkisholmur.is

❺ Ísafjörður

Der Ort (2700 Einw.) liegt auf einer Sandbank im Fjord mit dem steil aufragenden Eyrarfjall im Rücken und ist das Handels-, Verwaltungs- und Dienstleistungszentrum der Westfjorde. Ab der Mitte des 18. Jh. brachte der Kabeljaufang Reichtum, dänische und norwegische Kaufleute bauten sich stattliche Häuser, von denen einige bis heute erhalten geblieben sind. In Ísafjörður lebt ein Drittel aller Menschen im riesigen Gebiet der Westfjorde. Wer die Runde um die Westfjorde vom Fährhafen Brjánslækur über Patreksfjörður und Ísafjörður nach Hólmavík machen möchte, der sollte genügend Zeit für die rund 600 km auf kurvigen, teils nicht asphaltierten Straßen einkalkulieren.

SEHENSWERT/MUSEUM
Im historischen Stadtkern befindet sich das **Regional- und Schifffahrtsmuseum** (Bygg-

ðasafn Vestfjarða, Tel. 456 32 93, www.nedsti.is, Mitte Mai–Ende Sept. tgl. 9.00–17.00 Uhr, Eintritt 1300 ISK). Im ehemaligen Teerhaus (Tjöruhús) aus der ersten Hälfte des 18. Jh. lädt ein gemütliches Café zum Verweilen ein.

ERLEBEN
Vielfältige Ausflüge – vom kurzen Besuch der Vogelinsel Vigur bis zu mehrtägigen Wanderungen im einsamen Hornstrandir – organisiert **West Tours** (Vesturferdir, Aðalstræti 7, Tel. 456 51 11, www.westtours.is).

UNTERKUNFT
Die Solitärlage vom € € € **Hótel Breiðavík** (Látrabjarg, Patreksfjörður, Tel. 456 15 75, www.breidavik.is, Mai–Sept.) an der gleichnamigen, weitläufigen Sandbucht könnte nicht schöner sein. Einfache Zimmer und Schlafsackunterkünfte im ehemaligen Jugendheim, Motelzimmer in neuen Containern, Campingplatz.

RESTAURANT
Sehr stimmungsvoll ist das € € **Café Simbahöllin** in Þingeyri (Fjarðargata 5, www.simbahollin.is). Der ehem. Laden vom Anf. des 20. Jh. wurde schön restauriert. Die frischen belgischen Waffeln, der selbst gebackene Kuchen und das kräftige Tagesgericht überzeugen.

UMGEBUNG
Am Ortseingang von **Bolungarvík** bekommt man in der originalgetreu wiederaufgebauten Fischereistation Ósvör einen Eindruck vom

Mit ihrer großartigen Natur lädt die Halbinsel Snæfellsnes zu langen Strand- und Bergwanderungen ein.

SNÆFELLSNES UND DIE WESTFJORDE
66 – 67

harten Leben der Fischer zu Beginn des 20. Jh. (Juni–Mitte Aug. Mo.–Fr. 9.00–17.00, Sa., So. 10.00–17.00 Uhr, www.osvor.is). Am Patreksfjörður bei Hnjótur kann man das isländische **Flugzeug- und Heimatmuseum der Westfjorde** besuchen. Das Flugzeugmuseum wartet noch auf eine ordnende Hand, das Heimatmuseum und das Café sind jedoch einen Besuch wert (Minja- og Flugminjasafn, Tel. 456 70 05, Juni–Aug. tgl. 9.00–17.00, Sa., So. 10.00 bis 17.00 Uhr).

Von Bíldudalur führt die kurvige Straße am Fjord entlang, schraubt sich dann auf die Hochebene Dyjandisheiði, bevor sie zum Wasserfall **Dynjandi** führt. Vom Parkplatz an seinem Fuß kann man am Rande des höchsten Wasserfalls der Westfjorde, der 100 m tief und bis zu 60 m breit über eine Felskante stürzt, aufsteigen. Der einfache Campingplatz am Wasserfall zählt zu den schönsten der gesamten Westfjorde.

INFORMATION
Touristeninformation, Aðalstræti 7
Tel. 450 80 60, www.westfjords.is

❻–❼ Hólmavík und Umgebung

Trotz seiner nur knapp 400 Einwohner ist ❻ **Hólmavík** das Verwaltungszentrum der Strandirküste. Die malerische Siedlung mit den bunten Häusern lebt hauptsächlich vom Fischfang und einigen Touristen.

SEHENSWERT
In einem ehem. Lagerhaus erfährt man alles über **Zauberei**, **Hexerei** und **Magie** in Island (Galdrasýning, Höfðagata 8-10, Tel. 897 65 25, www.galdrasyning.is, tgl. 9.00–18.00 Uhr). Die anschauliche Darstellung sowie gutes begleitendes Infomaterial machen den Besuch des Museums zu einem Erlebnis (siehe auch Special S. 53).

RESTAURANT
Im ältesten Haus von 1897, einst vom dänischen Kaufmann Riis erbaut, befindet sich das € € / € € € **Café Riis** (Hafnarbraut 39, Tel. 451 35 67, www.caferiis.is). Angeboten werden leckere Kleinigkeiten, Pizza, Suppe und Tagesgericht, aber auch Fleisch- und Fischgerichte. Am Wochenende hat man die Chance auf Livemusik.

UMGEBUNG
Hólmavík ist der beste Ausgangspunkt für die Erkundung der fast menschenleeren ❼ **Strandirküste** am Westufer der Húnaflóibucht. Die eiszeitlich geprägte Landschaft ist wild und unzugänglich. Auf der kurvigen Straße 643 bekommt man einen Eindruck von der großartigen Natur.

INFORMATION
Touristeninformation im Museum
außerdem Souvenirladen

Genießen   Erleben   Erfahren

Immer an der Kante entlang

Der Látrabjarg in den Westfjorden ist der größte Vogelfelsen im Nordatlantik und zugleich der westlichste Punkt Europas. Teilweise mehr als 400 Meter hoch erheben sich die senkrechten Klippen aus dem Meer: ein ideales Brutgebiet für Seevögel, die ein ohrenbetäubendes Spektakel veranstalten.

Schon die Anfahrt nach Látrabjarg ist spektakulär. Es geht auf einer Schotterstraße bergauf, bergab, doch unterwegs bieten sich fantastische Ausblicke auf kilometerlange Sandstrände. Schließlich endet die Straße an einem Parkplatz, von dem aus man zu Fuß weiter bergauf geht. Bald hört man das Geschrei der Dreizehenmöwen (Bild) und riecht den scharfen Geruch von Guano – untrügliche Anzeichen, dass man sich den Vogelfelsen nähert. Noch vor wenigen Jahren haben bis zu einer Million Seevögel auf dem Látrabjarg gebrütet, alle wohlgeordnet nach Stockwerken, ganz oben in Erdhöhlen unter dem Gras die Papageitaucher.

Doch seit einigen Jahren ist nicht nur am Látrabjarg, sondern in ganz Island ein teils dramatischer Rückgang brütender Vögel zu beobachten. Über die Ursachen gibt es bis jetzt nur Spekulationen. Die meisten Vögel brüten auf den niedrigsten Klippen in Parkplatznähe. Es lohnt sich aber, bis zum höchsten Punkt der Klippen zu gehen und 441 m in die Tiefe zu blicken.

Anfahrt und (Aus)sicht

Von Patreksfjörður sind es rund 45 km bis zum ❽ **Látrabjarg**. Die schönsten Strände unterwegs sind Breiðavík und Hvallátur.

Bei guter Sicht sieht man vom Látrabjarg den 1446 m hohen Stratovulkan Snæfellsjökull, zu deutsch „Schneeberggletscher".

Der blanke Fels an der Steilküste ist ein Paradies für arktische Seevögel wie die Dreizehenmöwe. Papageitaucher hingegen betten ein einzelnes Ei in kleine Erdhöhlen im Gras.

AKUREYRI UND DER NORDEN
68 – 69

Nahe dem Polarkreis

Der Norden Islands bietet viel Abwechslung. Akureyri lockt mit sympathischem Kleinstadtflair, wobei Kunst und Kulinarik nicht zu kurz kommen. Am Mývatn sorgen sämtliche vulkanischen Phänomene für Dramatik, aber es gibt auch lieblich grüne Landschaften rund um den See. An der Küste laden vorbeiziehende Wale zur Beobachtung ein, und in der nördlichsten Stadt Siglufjörður kann man den Heringsboom nachvollziehen.

Im Hafen von Siglufjörður, Islands nördlichster Stadt

„Perle des Nordens" wird Akureyri auch genannt. Ob im Kunstmuseum, … … im an den in dieser Stadt geborenen Autor, Missionar und Weltreisenden Jón Sveinsson erinnernden Nonnahús oder im …

… Bláa Kannan, im Blauen Café: Die Stadt liegt zwar fast am Polarkreis, wird aber durch ein außergewöhnlich mildes, regenarmes Klima begünstigt und weiß ihre Reize auf vielfältigste Weise zu präsentieren.

Etwa 30 Kilometer nordöstlich von Akureyri findet man am Ostufer des Eyjafjörðurs den Museumshof Laufás mit seinen schönen Grassodenhäusern.

„Die Hütten der Isländer sind aus Erde und Torf gebaut, die Wände nach innen geneigt. Sie sehen wie Dächer aus, die unmittelbar auf dem Boden ruhen. Nur sind diese Dächer Wiesen … Durch die Wärme ihrer Bewohner sprießt das Gras darauf ziemlich gut, und man mäht es zur Zeit der Heuernte sorgfältig ab, damit die Haustiere nicht auf den grünen Dächern weiden."

Jules Verne

Im Gegensatz zu Ingólfur Arnarson, der sich in der Rauchbucht auf karger Lava niederließ, hat Helgi der Magere alles richtig gemacht. Als er im 9. Jahrhundert von den Orkneyinseln als erster Siedler im Norden Islands ankam, erkannte er rasch, dass die günstigen klimatischen Bedingungen und die recht fruchtbaren Böden eine ertragreiche Landwirtschaft ermöglichen. Trotzdem blieb Akureyri noch bis zum Ende des 18. Jahrhunderts nur ein kleines Dorf. Erst die Dänen, die damals den Handel beherrschten, leiteten den wirtschaftlichen Aufschwung ein.

Üppiges Grün

In windgeschützter Lage am Hang mit Blick auf den Eyjafjörður bildet der Botanische Garten eine grüne Oase in der Stadt. Fast alle einheimischen Pflanzenarten gedeihen hier, den ganzen Sommer über blühen die Beete mit Islandmohn, Rittersporn, Pfingstrosen oder Gletscherhahnenfuß in allen Farben. Zwischen den Beeten breitet sich sattgrüner Rasen aus, auf dem die Bäume eine durchaus stattliche Höhe erreichen. An einem sonnigen Sommertag vergisst man schnell, dass man in Island und in der Nähe des Polarkreises ist.

Die weiteren Sehenswürdigkeiten der Stadt, die moderne Akureyrarkirkja auf einem Hügel, das Kunstmuseum, die alten Holzhäuser, Shoppingmöglichkeiten in der Hafnarstræti und das neue Kulturzentrum Hof sind schnell erkundet. Akureyri ist zwar die zweitgrößte Stadt Islands und das unbestrittene Zentrum des Nordens, doch immer noch eine gemütliche Kleinstadt.

Bekanntester Bürger der Stadt ist der im Jahr 1857 in der Nähe von Akureyri geborene Schriftsteller, Missionar und Weltreisende Jón Sveinsson, auch liebevoll „Nonni" genannt. Die zwölf „Nonni"-Bücher über sein Leben schrieb er auf Deutsch. Sie wurden in mehr als 30 Sprachen übersetzt und als sechsteilige Fernsehserie „Nonni und Manni" verfilmt. Das kleine Haus in der Aðalstræti, das Nonnahús, in dem er als Kind gelebt hat, ist heute ein ihm gewidmetes Museum.

Das Heringsabenteuer

Nur dem Hering verdankt Islands nördlichste Stadt Siglufjörður ihre Existenz. Die Landschaft rund um den Ort ist mit ihrer wilden Küste und den schroffen Bergen spektakulär, doch auch karg und unzugänglich. Für die Landwirtschaft sind der eiskalte Wind aus dem Norden und die kargen Böden ungeeignet, selbst die genügsamen Schafe werden hier kaum satt. Hätte es nicht die riesi-

„Europas Hauptstadt der Walbeobachtung" nennt Húsavik sich stolz selbst. Aber wenn es gerade mal nichts zu beobachten gibt, kann man ja zumindest ein paar Sonnenstrahlen genießen.

Siglufjörður: Im Isländischen Heringsmuseum erinnert man an den kurzen, aber heftigen „Goldrausch" der Heringsspekulanten in dieser Region

Traditionelle Tracht und Torfhäuser: Museumshof Glaumbær südlich von Sauðárkrókur

Das traditionelle Islandhaus

Special

Dunkel, feucht und ungesund

Schon die ersten Siedler haben den spärlichen Wald auf Island abgeholzt. So wurden die Höfe bis zum Ende des 19. Jahrhunderts in Torfbauweise errichtet.

Südlich von Sauðárkrókur, in Glaumbær, befindet sich einer der am besten erhaltenen Höfe in der für Island typischen Torfbauweise. In einem Gebiet mit nur mäßigem Regen konnte solch ein Torfrasenhaus bis zu 100 Jahre überdauern – wenn das Dach den richtigen Winkel hatte: War es zu flach, konnte die Feuchtigkeit nicht abfließen, war es zu steil, wuchs das Gras in Trockenperioden nicht, und das Dach wurde rissig. In beiden Fällen regnete es durch.

Aus statischen Gründen können Torfhäuser nur relativ klein sein, deshalb wurden alle Räume als eigene Häuser gebaut und mit einem zentralen Korridor verbunden. Am Eingang liegen die Gästezimmer, es folgen Küche und Vorratskammer. Am

Víðimýrarkirkja: Auch Torfkirchen gibt es.

Ende des Ganges liegt die Baðstofa, der größte Raum und Wohnzimmer des Hofes. Hier arbeiteten, aßen und schliefen rund zwei Dutzend Menschen. Die Fensterseite der Baðstofa war den Frauen vorbehalten, da das Spinnen und Nähen mehr Licht erforderte. Die Männer kämmten Wolle oder stellten Seile aus Pferdehaar her. Der Raum wurde nicht beheizt, deshalb verkroch man sich angezogen unter Wolldecken und Federbetten.

gen Heringsschwärme vor der Küste gegeben, wäre wohl niemand auf die Idee gekommen, sich hier anzusiedeln. So aber entwickelte sich Siglufjörður zu Beginn des 20. Jahrhunderts vom unbedeutenden Dorf zur fünftgrößten Stadt des Landes. Alte Schwarz-Weiß-Fotos im Heringsmuseum dokumentieren, wie damals einige tausend Saisonarbeiter den Ort mit Leben erfüllten. Unmengen von Heringsfässern wurden im Hafen gestapelt. Wie im Goldrausch kamen Heringsspekulanten, vor allem aus Norwegen, machten ein Vermögen oder gingen pleite. Doch der Boom hielt nicht lange an. Ende der 1960er-Jahre verschwand der Hering wegen Überfischung praktisch von einem Tag auf den anderen. Siglufjörður musste sich gesundschrumpfen – im bescheidenen Rahmen wird heute wieder nach Lodde, Hering und Krabben gefischt. An das Heringsabenteuer erinnern nur noch das Museum in der Roaldsbaracke und das alljährliche Fest Anfang August.

Hexenküche am Mückensee

Auf den ersten Blick wirkt der Mývatn mit seinen zahlreichen Buchten, grünen Hügeln und Wiesen drumherum und dem reichen Vogelleben lieblich. Doch Mývatn bedeutet „Mückensee", und diesem Namen macht der See im Sommer

Spektakulär, aber nicht ganz ungefährlich ist ein Besuch des Kraflagebiets (ganz oben links, die Leirhnjúkurspalte und Lavafelder, oben links, der 1724 bei einem gewaltigen Ausbruch, dem sogenannten Mývatnfeuer, entstandene Vitikrater). Die Magmakammer der Krafla in etwa 3000 Metern Tiefe ist immer noch aktiv, sie kann sich ausdehnen und aufbrechen. Östlich vom Mývatn findet man am Fuß des Berges Námafjall das beeindruckendste Solfatarenfeld Islands (rechts). Auch hier gilt es, vorsichtig zu sein: Auf lockeren Ascheschichten kann man leicht abrutschen, an den scharfkantigen Brocken der Lavafelder sich leicht verletzen. Stellen mit hellerem Untergrund weisen auf Dampfeinschlüsse hin, dort kann man leicht einbrechen und sich verbrühen. In jedem Fall sollte man stets auf den markierten Wegen bleiben, um dieses unvergleichliche Schauspiel der Natur unbeschadet genießen zu können.

„Die Natur muss gefühlt werden."

Alexander von Humboldt

Im Hochland liegt die „Ebene der heißen Quellen": Hveravellir (alle Abbildungen) ist ein Geothermalgebiet mit vielfarbigen brodelnden Quellen, fauchenden Miniaturvulkanen und einem Hot Pot, den man, laut Baedeker, „nicht wieder verlassen möchte".

alle Ehre. Ganze Mückenschwärme sorgen dafür, dass Forellen und Enten nicht verhungern und Spaziergänger manchmal genervt sind – angeblich sollen jedes Jahr bis zu 2000 Tonnen dieser Plagegeister durch die Luft schwirren.

Interessant ist die Gegend vor allem wegen der vielfältigen Erscheinungen des Vulkanismus ringsum. Immer wieder wird der Spalt zwischen den auseinanderdriftenden Kontinentalplatten mit frischer Lava gefüllt. Besonders schlimm war das Mývatnfeuer in der ersten Hälfte des 18. Jahrhunderts, als die Lava fast den See bei Reykjahlið erreichte. Der Lavastrom Eldhraun ist noch heute gut zu erkennen. Neil Armstrong und Buzz Aldrin haben auf dem zerklüfteten Lavafeld für ihre Mondlandung trainiert. Beim Kraflafeuer erwachte der gleichnamige Vulkan 1975 zum Leben und sorgte bis 1985 für zahlreiche Eruptionen. Die Auswirkungen dieser aktiven Phase sind noch heute eindrucksvoll in Leirhnjúkur zu sehen. Mitten in diesem unruhigen, von Erdbeben bedrohten Gebiet steht das Krafla-Geothermalkraftwerk, das vom Baubeginn 1974 an mit großen Schwierigkeiten zu kämpfen hatte. Erst lieferten die Bohrlöcher nicht genügend heißen Dampf, dann zerstörten aggressive Dämpfe die Rohre, und schließlich sorgten Erdbeben und Vulkanausbrüche immer wieder für Probleme.

Rund um den Mývatn reiht sich ein Höhepunkt an den anderen: der Vitikrater und das Lavafeld Leirhnjúkur beim Krafla-Kraftwerk, die bizarren Lavaformationen von Dimmuborgir, die – durch explosionsartig unter der Lava verdampfendes Wasser entstandenen – Pseudokrater bei Skútustaðir, der perfekt geformte Ringwallkrater Hverfjall. Den Höhepunkt bildet aber das Solfatarenfeld am Fuß des Berges Námafjall. Hier blubbern und brodeln heiße Schlammtöpfe, leuchtet die gesamte Flanke des Berges in Schwefelgelb und Orange, steigen Dampfsäulen zischend gen Himmel – und es riecht penetrant nach faulen Eiern.

DUMONT
THEMA

WALFANG

Ein heikles Thema

Island erzürnt die Europäische Union. Auch den Protest von Touristen und Tierschützern nimmt das kleine Land in Kauf, nur um weiter Wale zu jagen. Ökonomisch ist die Waljagd schon lange nicht mehr sinnvoll, der Schaden vermutlich sogar größer als der Nutzen. Die Frage nach dem Warum ist allerdings nur schwer mit nüchterner Logik zu beantworten, zu verhärtet sind die Fronten.

AKUREYRI UND DER NORDEN

Würde es sich nicht um ein blutiges Geschäft und die Gefährdung der größten Meeressäugetiere handeln, könnte man den Vergleich mit Asterix und Obelix bemühen, die ihr kleines Dorf vehement gegen die übermächtigen Römer verteidigen. Island pocht darauf, selbst entscheiden zu dürfen, wie es seine natürlichen Ressourcen nutzt. Das sei, so brachte es der isländische Politikwissenschaftler Eiríkur Bergmann auf den Punkt, „eine Frage der Unabhängigkeit, der emotionalen Befindlichkeit und des Nationalismus."

Der Finnwalfeind

Die meiste Zeit über liegen die Walfangboote von Kristján Loftsson im Hafen von Reykjavík, nicht weit davon entfernt kann man auch Walbeobachtungstouren buchen – zwei Geschäftsmodelle, die nicht wirklich zusammenpassen. Umso weniger, da Loftsson der einzige Walfänger Islands ist, der auch die Ausrüstung zur Finnwaljagd besitzt. Meistens bleibt es bei verbalen Attacken der Tierschützer, doch zwei seiner Schiffe wurden auch schon im Hafen von Reykjavík versenkt. Auch die Walfangstation, in der die Tiere im 25 Kilometer nördlich der Hauptstadt gelegenen Hvalfjörður zerlegt werden, wurden schon verwüstet.

2011 und 2012 hat Island keine Finnwale gefangen, weil der Tsunami von Fukushima alle mit Island kooperierenden Weiterverarbeitungsanlagen zerstört hat. 2015 betrug Islands Fangquote für Finnwale 154 Tiere – gegen internationale Proteste. 2016 und 2017 ging Loftsson nicht mehr auf Finnwaljagd, weil es sich nicht mehr lohne, so seine Begründung. Eine erfreuliche Entwicklung, denn es gibt Studien, die das Leiden der bis zu 24 Meter langen und 70 Tonnen schweren Finnwale belegen: Nicht exakt treffende Explosivharpunen führen zu einem bis zu 15 Minuten langen Todeskampf.

Walfang contra Walschutz

Befürworter des Walfangs argumentieren oft mit Islands langer Tradition. Zwar stimmt es, dass früher gestrandete Wale eine wichtige Nahrungsquelle waren, die viele Menschen vor dem Verhungern rettete, doch zu Hochzeiten des Walfangs dezimierten hauptsächlich ausländische Boote die Bestände in isländischen Gewässern. Erst 1935 begannen die Isländer selbst mit dem Walfang. Nach dem Inkrafttreten des Fangverbots durch die Internationale Walfangkommission 1986 wurden ab 1989 auch in Island keine Wale mehr gefangen. Erst 2003 begann man unter dem Deckmantel der Wissenschaft erneut mit der Jagd, drei Jahre später fing man die Wale dann wieder aus kommerziellen Gründen. Dabei sind die wenigen Schiffe der isländischen Walfangflotte gesamtwirtschaftlich völlig unbedeutend, zudem sollen die Kühlhäuser schon heute randvoll mit Walfleisch sein, weil es dafür gar keinen Absatzmarkt mehr gibt. Und trotzdem befürworten in Umfragen immer noch viele Isländer den Walfang. Immerhin: 2019 haben die beiden verbliebenen Unternehmen erstmals eine Saison den kommerziellen Walfang ausgesetzt; aber sie betonten, dass das nicht das Ende des Walfangs bedeute.

Walfang in den Sagas

Vielleicht besinnt man sich doch wieder auf die alten Sagas, in denen mehrmals etwas über die Beziehungen zwischen Menschen und Walen zu lesen ist – nirgendwo aber steht darin etwas über Walfang oder den Verzehr von Walfleisch.

Oben: Spannende Einblicke in die Welt der Wale gibt das Walmuseum von Húsavík.
Unten: Wale und Delfine ziehen vor den Küsten Islands ihre Bahnen.

Walbeobachtung, Museum

Im **Whale Watching Centre** im Alten Hafen von Reykjavík kann man Walsafaris buchen.
im Sommer mehrmals täglich Ausfahrten
Tel. 519 50 00
www.elding.is

Auch in Húsavík werden im Sommer mehrmals täglich **Walsafaris** angeboten, zudem erfährt man im dortigen **Museum** alles Wissenswerte über die grandiosen Meeressäugetiere.

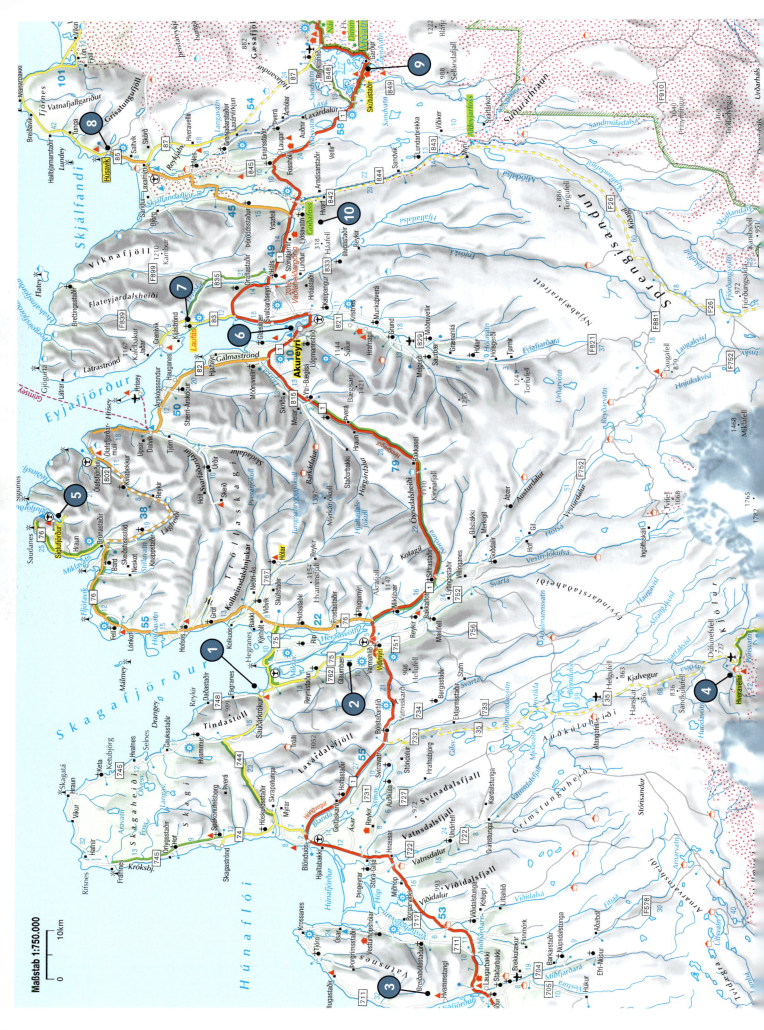

INFOS & EMPFEHLUNGEN

AKUREYRI UND DER NORDEN
80 – 81

Vielfalt im Norden

Akureyri ist zwar die zweitgrößte Stadt der Insel, aber trotzdem klein und übersichtlich geblieben. Wer sich für Kunst interessiert, wird hier nicht enttäuscht. In Siglufjörður wird der Heringsboom im Museum wieder lebendig, in Húsavík kann man Walen begegnen und am Mývatn Pseudokrater bestaunen.

❶ – ❹ Sauðárkrókur und Umgebung

Sauðárkrókur (2600 Einw.) liegt am Ende des breiten Fjordes Skagafjörður und an der Mündung des wasserreichen Flusses Héraðsvötn, der vom Hofsjökull im Hochland gespeist wird. Die fruchtbaren, von sattem Grün bedeckten Böden der Gegend ermöglichen Landwirtschaft und Pferdezucht.

SEHENSWERT
In dem erst in der zweiten Hälfte des 19. Jh. gegründeten ❶ **Sauðárkrókur** gibt es noch einige alte Holzhäuser, vor allem im nördlichen Teil der Aðalgata. Sofort ins Auge fallen hier die **Villa Nova** und das **Hótel Tindastóll**.

ERLEBEN
Reitsportfreunde finden in **Hestasport** (Vegamót, Varmahlíð, Tel. 453 83 83, www. riding.is) den richtigen Partner sowohl für kurze Ausritte als auch für mehrtägige Touren.

UNTERKUNFT
Nur zehn unterschiedlich eingerichtete Zimmer hat das € € € **Hótel Tindastóll** (Lindargata 3, Sauðárkrókur, Tel. 453 50 02, www.arctichotels. is, 10 weitere im neuen Anbau). 1884 war es das erste Hotel Islands, eine Sanierung brachte modernen Komfort und bewahrte dennoch den nostalgischen Charme.

RESTAURANT
Im € € / € € € **KK Restaurant** (Aðalgata 16, Sauðárkrókur, Tel. 453 64 54, www.kkrestaurant.is) findet man auf der umgangreichen Speisekarte vom Burger über den Fang des Tages bis zum edlen Lammfilet alles. Eine gute Wahl sind auch die Steinofenpizzen in drei verschiedenen Größen.

UMGEBUNG
Das Emigrationszentrum (Suðurbraut 8, Tel. 453 79 35, www.hofsos.is, Juni–Aug. tgl. 11.00 bis 18.00 Uhr) in **Hofsós** informiert detailreich über die Auswanderungen nach Amerika zwischen 1870 und 1914. Die kleinen Torfhäuser des Museumshofs ❷ **Glaumbær** (Tel. 453 61 73, www.glaumbaer.is, Mitte Mai bis Mitte Sept. tgl. 9.00–18.00 Uhr), rund 15 km südlich von Sauðárkrókur gelegen, wurden

Mehrfach ausgezeichnet: das isländische Heringsmuseum in Siglufjörður (oben). Alltägliches Bild: Schafe (hier bei Akureyri) und Geysire (Myvatn)

noch bis 1947 bewohnt (siehe Special S. 73). Im gelben Haus nebenan befindet sich das nostalgisch eingerichtete „Café Áskaffi". Die winzige **Víðimýrarkirkja** mit schlichter Innenausstattung stammt von 1834 und ist eine der wenigen erhaltenen Torfkirchen (Juni–Aug. tgl. 9.00 bis 18.00 Uhr). In ❸ **Hvammstangi** lohnt das Robbenzentrum Selasetur Íslands einen Besuch (Brekkugata 2, Tel. 451 23 45, www.selasetur.is, Mai–Sept. tgl. 9.00–16.00, sonst Mo. bis Fr. 10.00–15.00 Uhr). Sehenswert sind auch die Wollfabrik Kidka mit Fabrikladen (Höfðabraut 34, Mo.–Fr. 8.00–18.00 Uhr, www.kidka. com) und die Gallery Bardúsa (Brekkugata 4, Mo.–Fr. 10.00–18.00, Sa./ So. 11.00–17.00 Uhr). Von Blönduós kann man auch mit einem Pkw über die **Kjölurpiste** einen Ausflug ins Hochland zum Geothermalgebiet ❹ **Hveravellir** **TOPZIEL** und weiter bis zum Gullfoss machen.

❺ Siglufjörður

Siglufjörður (1150 Einw.), die nördlichste Stadt Islands, liegt nur 40 km südlich des Polarkreises. Bis zur Eröffnung des Tunnels nach Ólafsfjörður war der Ort nur relativ schwer auf dem Landweg zu erreichen. Durch die bessere Verkehrsanbindung soll die Abwanderung gestoppt werden.

SEHENSWERT
Das mehrfach preisgekrönte **Heringsmuseum** erinnert an die Hochzeit der Fischerei. In drei historischen Gebäuden werden das Alltagsleben der Arbeiter und die Verarbeitung der Heringe gezeigt. In einer ehemaligen Bootshalle wurde ein Teil des Hafens rekonstruiert (Síldarminjasafnið, Snorragata 15, Tel. 467 16 04, www.sild.is, Juni–Aug. tgl. 10.00–18.00, Mai und Sept. 13.00–17.00 Uhr, sonst nach Vereinbarung).

RESTAURANTS
Das rote Haus des € / € € **Kaffi Rauðka** am Hafen (Granugata 19, Tel. 461 77 30, So.–Do. 12.00–17.00, sonst 12.00–22.00 Uhr) fällt sofort ins Auge. Bei schönem Wetter sitzt man draußen in der Sonne und kann so bei einem Stück Kuchen und einer Tasse Kaffee das Treiben im Hafen beobachten. Für den größeren Hunger gibt es Burger und diverse Fischgerichte.

INFOS & EMPFEHLUNGEN

UMGEBUNG
Von Dalvik kann man mehrmals wöchentlich mit einer kleinen Fähre zur Vogelinsel **Hrísey** und zum nördlichsten Punkt Islands, der Insel **Grímsey** übersetzen, die genau auf dem Polarkreis liegt (www.samskip.is/innflutningur).

INFORMATION
Touristeninformation im Rathaus
Tel. 467 15 55

⑥–⑦ Akureyri und Umgebung

In Islands zweitgrößter Stadt ⑥ **Akureyri** (19 000 Einw.) lässt das milde Klima eine recht üppige Vegetation sprießen. Die Hauptstadt des Nordens hat einige sehenswerte Museen, einen Sommer mit vielen Kulturveranstaltungen, gute Einkaufsmöglichkeiten und eine kleine Altstadt mit bunten Holzhäusern zu bieten. Die Innenstadt um die Akureyrarkirkja ist klein und lässt sich gut zu Fuß erkunden.

SEHENSWERT
Auf einem Hügel in der Stadt bildet die **Akureyrarkirkja** (Juni–Aug. tgl. 10.00–12.00 und 14.00–17.00 Uhr) das Wahrzeichen Akureyris. Der 1940 eingeweihte Betonbau wirkt außen wie innen schlicht. Bemerkenswert ist das 400 Jahre alte Kirchenfenster aus der im Zweiten Weltkrieg zerstörten Kathedrale von Coventry. Im **Kunstmuseum** (Kaupvangsstræti 12, www.listak.is, Mai–Sept. tgl. 10.00–17.00, sonst 12.00–17.00 Uhr) sind hauptsächlich Werke isländischer Gegenwartskünstler zu sehen. Im **Nonnahús** (Aðalstræti 54, Tel. 462 35 55, www.nonni.is, Juni–Sept. tgl. 10.00–17.00, sonst 13.00–16.00 Uhr) verbrachte der Jesuitenpater und Autor Jón Sveinsson fünf Jahre seiner Kindheit. Im Museum sind seine Bücher sowie persönliche Gegenstände ausgestellt. Das Kultur- und Kongresszentrum **Hof** (Menningarhúsið Hof, Strandgötu 12) am Wasser beeindruckt durch seine moderne Architektur, es beherbergt neben Veranstaltungssälen und einem Restaurant auch das Touristenbüro. Im **Botanischen Garten** (Lystigarður, Spítalavegur, www.lystigardur.akureyri.is, Juni–Sept. Mo.–Fr. 8.00 bis 22.00, Sa., So. 9.00–22.00 Uhr) wachsen so gut wie alle isländischen Pflanzen. Außerhalb der Stadt auf der anderen Fjordseite liegt **Safnasafnið** (Svalbarðsströnd, Tel. 461 40 66, www.safnasafnid.is, Mitte Mai–Anf. Sept. tgl. 10.00–17.00 Uhr), teils ein Museum, teils eine Galerie für moderne und experimentelle Kunst.

ERLEBEN
Im Sommer spielt man auf dem nördlichsten **Golfplatz** der Welt im Licht der Mitternachtssonne (Golfklúbbur Akureyrar, www.gagolf.is). Ende Juni werden die Arctic Open ausgetragen. **Iceland Fishing Guide** (Tel. 660 16 42, www.icelandfishingguide.com) organisiert diverse Angelausflüge. Von der Farm **Grýtubakki** kann man Reitausflüge unternehmen (Pólar Hesta´, Tel. 896 18 79, www.polarhestar.is).

UNTERKUNFT
Vier-Sterne-Komfort im Zentrum der Stadt bietet das € € € **Hótel Kea** (Hafnarstræti 87–89, Tel. 460 20 00, www.keahotels.is). Auch die isländische Küche des zum Haus gehörenden Restaurants wird gelobt. Im € € **Hrafninn Guesthose** (Brekkugötu 4, Tel. 462 56 00, https://hrafninn.is) warten große, helle und freundliche Zimmer auf die Gäste. Beliebt sind die Gästeküche und die Terrasse mit Grillmöglichkeit. In wenigen Minuten ist man zu Fuß im Zentrum.

RESTAURANTS
Das Restaurant € € **Bautinn** (Hafnarstræti 92, Tel. 462 18 18, www.bautinn.is) serviert Touristenmenüs und Tagesgerichte, außerdem viele isländische Gerichte. Leckeren Kuchen, fantasievolle Torten, morgens frisches Brot und mittags günstige Tagessuppe gibt es im gemütlichen € **Café Bláa Kannan** (Hafnarstræti 96, Tel. 461 46 00).

EINKAUFEN
Die größte Souvenirauswahl von Kitsch bis Kunst hat **The Viking** (Hafnarstræti 104, tgl. 8.00–22.00 Uhr). **Fold-Anna** (Hafnarstræti 100, Mo.–Fr. 9.30–18.30, Sa. 10.00–16.00 Uhr) ist die beste Adresse für handgestrickte Wollwaren.

UMGEBUNG
Der typisch isländische Grassodenhof ⑦ **Laufás** (Grýtubakkahreppur, 30 km östl. von Akureyri, Tel. 895 31 72, www.minjasafnid.is, Mitte Mai–Sept. tgl. 9.00–17.00 Uhr) am Ostufer des Eyafjörður war bis 1936 bewohnt, heute dient er als Regionalmuseum. Die Innenräume spiegeln die Zeit um 1900 wider.

INFORMATION
Touristeninformation, im Kulturzentrum Hof
Strandgata 12, Tel. 450 10 50
www.visitakureyri.is

⑧ Húsavík

Schon die Wikinger haben sich an der weiten Skjálfandibucht niedergelassen, wo heute der kleine Ort Húsavík (2350 Einw.) liegt. Fischfang und -verarbeitung bilden seit jeher die Haupteinnahmequelle, die Walbeobachtung boomt.

SEHENSWERT
Die schöne **Húsavíkurkirkja** (tgl. 8.00–12.00, 13.00–18.00 Uhr) wurde 1907 eingeweiht. Im einstigen Schlachthaus ist das **Walmuseum** (Hafnarstétt 1, Tel. 414 28 00, www.hvalasafn.is, Juni–Aug. tgl. 8.30–18.30, Mai, Sept. 9.00 bis 17.00, Okt., April 10.00–16.00, Nov.–März Mo. bis Fr. 10.00–16.00 Uhr) untergebracht.

Archaisch, praktisch, gut: Trockengestell für Fisch

Tipp
Myvatn Nature Baths

Der milchig-blaue, großzügige **Freiluftpool** zwischen Reykjahlíð und Námaskarð ist so schön wie die Blaue Lagune bei Keflavík, nur dass hier weniger Andrang herrscht und der Eintrittspreis mit 5000-5500 ISK günstiger ist.

MÝVATN NATURE BATHS
Jarðböðin við Mývatn, Tel. 464 44 11
www.myvatnnaturebaths.is
Mai–Sept. tgl. 9.00–24.00,
sonst tgl. 12.00–22.00 Uhr

RESTAURANTS

Nett und unprätentiös ist das € € **Salka Restaurant** (Garðarsbraut 6, Tel. 464 25 51, Mo. bis Fr. 11.30–21.00, Sa., So. 17.00–21.00 Uhr, https://salkarestaurant.is) am Hafen mit Fisch- und Fleischgerichten, Pizzen und Burgern. Im urigen aus Treibholz errichteten Restaurant € € **Gamli Baukur** (Tel. 464 24 42, www.gamli baukur.is, So.–Do. 11.30–23.00, Fr., Sa. bis 1.00 Uhr) nebenan gibt es zu traditionellen isländischen Fischgerichten Livemusik.

INFORMATION

Touristeninformation
Húsavíkurstofa, Garðarsbraut 5
Tel. 86 0 10 88, www.visithusavik.com

9 – 10 Mývatn und Umgebung

Der mit 37 km² viertgrößte See Islands entstand durch vulkanische Aktivitäten vor 3700 und 2300 Jahren. 9 **Mývatn TOPZIEL** bedeutet „Mückensee" – was den Menschen manchmal als Plage vorkommt, führt am See zu einem reichen Vogelleben.

SEHENSWERT/ERLEBEN

Reykjahlíð am Nordostufer ist das touristische Zentrum am See und ein guter Ausgangspunkt für die 36 km lange Runde um den Mývatn. Am Ostufer liegen der Tuffring **Hverfjall**, ein Explosionskrater, außerdem die schwarzen Lavaburgen von **Dimmuborgir**. Am Südufer beeindruckt die grüne Hügellandschaft aus Pseudokratern bei **Skútustaðir**. Einige Kilometer abseits liegt **Námaskarð**, das schönste Solfatarenfeld Islands. Am Vulkan Krafla lohnt ein Spaziergang zu den Solfataren von **Leirhnjúkur** und zum **Vitikrater**.

UNTERKUNFT

Vom € € € **Hotel Laxá** (Olnbogaás, Tel. 464 19 00, www.hotellaxa.is) genießt man einen wunderschönen Blick einschließlich Sonnenaufgang. Im Winter wird man auf Wunsch geweckt, wenn Nordlichter zu sehen sind.

RESTAURANTS

Vom Speiseraum des € € **Cowshed-Café** (Vogafjós, Tel. 464 38 00, www.vogafjosfarmresort.is) schaut man durch eine große Glasscheibe Kühen zu und genießt dabei leckere Crêpes.

UMGEBUNG

Zwischen Mývatn und Akureyri liegt der 10 **Goðafoss**, dessen Wassermassen sich auf breiter Front in eine Schlucht ergießen. Folgt man am Goðafoss der Straße 842 ins Landesinnere, ist dies der einfachste Einstieg in die Hochlandpiste F 26, die **Sprengisandur** – eine Hochlanddurchquerung für Allradfahrzeuge.

INFORMATION

Touristeninformation
Reykjahlíð, Hraunvegi 8
Tel. 464 44 60, www.visitmyvatn.is

AKUREYRI UND DER NORDEN
82 – 83

Genießen   Erleben   Erfahren

Die Riesen der Meere

DuMont Aktiv

Nirgendwo sonst auf Island werden uns bessere Möglichkeiten geboten, Wale zu beobachten, als in Húsavík. Deshalb schmückt sich der kleine Ort an der Nordküste Islands auch gerne mit dem Titel „Europas Hauptstadt der Walbeobachtung".

Schon vor der ersten Tour am Morgen heißt es Schlange stehen im Hafen von Húsavík, denn im Sommer gibt es einen regelrechten Run auf die Walsafaris. Es hat sich herumgesprochen, dass man hier bei einer Walsafari mit 99-prozentiger Wahrscheinlichkeit mindestens eines dieser majestätischen Tiere zu sehen bekommt. 1995 veranstaltete eine einheimische Familie die ersten Touren, zwei Jahre später wurde dann das Walzentrum eröffnet, das viele fundierte wissenschaftliche Untersuchungen zu Walen in anschaulicher Form präsentiert.

Im Sommer sind die Bedingungen für Wale und Delfine in der Skjálfandibucht ideal, deshalb konnten hier bisher schon zwölf verschiedene Walarten gesichtet werden, unter ihnen die wegen ihrer Größe beeindruckenden Buckelwale, Pottwale und Finnwale. Hin und wieder spüren die Boote sogar den bis zu 30 m langen Blauwal auf. Gemächlich tuckert das alte Holzboot aus dem Hafen, und noch in Sichtweite des Landes nimmt der Kapitän Fahrt weg und hält nach Walen Ausschau. Auch heute dauert es nicht lange, bis in der Ferne einige Weißseitendelfine aus dem Wasser springen und sich relativ dicht am Boot ein Zwergwal zeigt.

Weitere Informationen

Walsafaris: North Sailing
Tel. 464 72 72, www.northsailing.is
Gentle Giants
Tel. 464 15 00, www.gentlegiants.is

Im Sommer mehrmals tgl. Ausfahrten, Dauer ca. 3 Std, Preis rund 80 €, Ticketbüros oberhalb des Hafens an der Hauptstraße. Reservierung mindestens am Vortag wegen des Andrangs!

In Húsavík stehen die Chancen besonders gut, Wale und Delfine in ihrer natürlichen Umgebung zu erleben.

DIE OSTFJORDE UND DER NORDOSTEN

Eine vielfingrige Küste

Winzige Orte mit bunten Häusern drängen sich an schmalen Uferstreifen vor steilen Bergrücken aus dunklem Basalt und farbigem Rhyolith. Vor vielen Millionen Jahren durch längst erloschene Vulkane entstanden, haben die Ostfjorde ihren Feinschliff vom Eis der Gletscher erhalten. Als die Heringsfischerei noch boomte, herrschte hier reges Leben, heute ist es in vielen Orten entlang der malerischen Fjorde still geworden.

Paarweise: An den grünen Hängen der Küstenregion brüten Papageitaucher ihren Nachwuchs in selbst gegrabenen Erdhöhlen aus.

Spektakulär: Die bunten Häuser von Eskifjörður erscheinen vor der imposanten Bergkulisse des 985 Meter hohen Holmatindur winzig klein.

Pittoresk: Gamla Búð, das alte Handelshaus von Eskifjörður, beherbergt heute das Fischereimuseum Ostislands.

Grandios: Etwa 118 Meter stürzt der Hengifoss – Islands dritthöchster Wasserfall – in die Tiefe.

DIE OSTFJORDE UND DER NORDOSTEN
86 – 87

Für alle, die mit dem eigenen Wagen nach Island kommen wollen, ist die wöchentliche Überfahrt mit der „Norröna" von Dänemark über die Färöer nach Seyðisfjörður die einzige Möglichkeit. Der erste Eindruck von der Vulkaninsel könnte kaum schöner sein. Langsam tastet sich das Schiff in den Fjord. Von den dunklen, nur spärlich begrünten Hängen aus Basalt rinnen Dutzende kleine Bäche, die auch im Sommer noch von den Schneefeldern hoch oben gespeist werden. Erst nach einer letzten Kurve kommt der Ort mit seinen bunten Häusern und der hellblauen Kirche zum Vorschein.

Auf der Suche nach dem Islandabenteuer

Auch Seyðisfjörður verdankt seine Existenz dem Heringsfang zu Beginn des 20. Jahrhunderts. Auch hier wurde der Hering in Tonnen gesalzen und in alle Welt verschifft. Norweger und Dänen dominierten den Handel und brachten auch gleich ihre Häuser mit. Denn die Norweger hatten den Fertighausbau erfunden, sie fertigten die Holzhäuser in der Heimat, verschifften sie zerlegt in alle Welt und bauten sie dort kostengünstig auf. Viele Häuser aus dieser Zeit sind in Seyðisfjörður bis heute erhalten

Der erste Eindruck von der Vulkaninsel könnte kaum schöner sein.

geblieben – liebevoll gepflegt sind sie sehenswerte Farbtupfer, und jedes von ihnen hat eine eigene Geschichte zu erzählen.

Doch nach der zweitägigen Überfahrt nehmen sich die meisten kaum Zeit für Seyðisfjörður: Die Karawane der Wohnmobile und Allradfahrzeuge, die aus dem Bauch des Schiffes kriecht, hat es eilig – sie ist auf der Suche nach dem Islandabenteuer. Auch einige Fahrräder werden schwer bepackt aus dem Schiff geschoben. Für Radfahrer beginnt Island

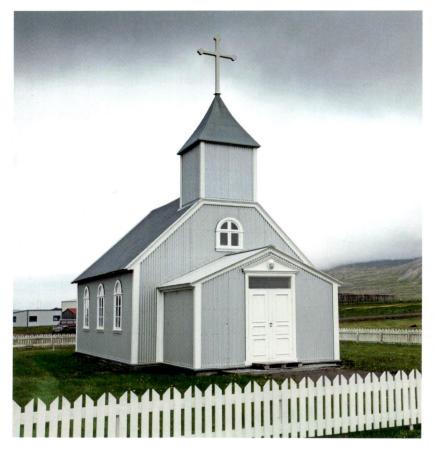

Mitten in Bakkagerði soll auf einem Felsen, dem Álfaborg, die isländische Elfenkönigin residieren. Ihr Einfluss scheint mächtig zu sein – jedenfalls hält selbst Jesus auf dem Altarbild von Jóhannes Sveinsson Kjarval in der Ortskirche seine Bergpredigt auf dem Álfaborg.

DIE ØSTFJORDE UND DER NORDOSTEN
88 – 89

Blick auf den kleinen Hafen von Stöðvarfjörður

Wiederaufforstung

Gehegt und gepflegt

Special

Zur Zeit der Landnahme war Island wahrscheinlich zu einem Drittel von Wäldern bedeckt. Doch die Siedler brauchten Holz zum Bau von Häusern und Schiffen, zum Heizen und zur Eisenherstellung. Schafverbiss und Winderosion sorgten dafür, dass die Insel bald fast baumlos war. Vom anderen Seeufer wirkt der Hallormsstaðarskógur, der sich über rund sechs Kilometer am Wasser erstreckt, nicht sehr imposant – und doch handelt es sich hier um das größte Waldgebiet Islands. Rund zwei Drittel dieses schon seit 1905 unter Naturschutz stehenden Gebietes bildet natürlicher Birkenwald. Die ältesten Bäume sind rund 160 Jahre alt, doch selbst die stattlichsten bringen es gerade mal auf eine Höhe von zwölf Metern. Seit der Wald unter Schutz gestellt wurde, hat man rund 100 verschiedene Baumarten aus aller Welt angepflanzt, um zu testen, welche das isländische Klima am besten

Das Waldgebiet Hallormsstaðarskógur

vertragen. Im Arboretum von Atlavík zeigen sich die Erfolge, wie ein Spaziergang durch den dichten Wald zeigt. Die Schilder an den Bäumen geben Auskunft, wo sie herkommen und wann sie gepflanzt wurden. Sie zeigen aber auch, dass die Wiederaufforstung Islands sehr viel Geduld erfordert. Die ältesten Bäume – eine Zirbelkiefer aus Sibirien und eine Felsentanne aus Nordamerika – wurden nämlich bereits 1905 gepflanzt.

gleich mit einer Herausforderung, denn die einzige Straße aus dem Ort führt auf die Fjarðarheiði, immerhin schweißtreibende 620 Meter über dem Fjord. Die Strecke ist aber nicht nur anstrengend, sondern auch schön. Man kommt an kleinen Wasserfällen vorbei, überquert die karge Hochebene, schaut zurück auf den Fjord wie auf die schneebedeckten Berge und genießt schließlich – wenn man denn endlich oben ist – den Ausblick auf die weite Ebene bei Egilsstaðir. Willkommen in Island!

Natur oder Strom?

Auch heute noch bilden Fischerei und Fischverarbeitung für die Menschen in den Orten zwischen Borgarfjörður und Álftafjörður fast die einzige Lebensgrundlage. Doch die Zeiten sind hart geworden, ein neuer Heringsboom ist nicht in Sicht. Die Lösung des Problems könnte Aluminium sein, zu dessen Produktion viel Strom benötigt wird – und den kann Island dank Wasserkraft zu einem konkurrenzlos günstigen Preis liefern. Deshalb wurde mit dem amerikanischen Alcoa-Konzern in Reyðarfjörður eine Aluminiumhütte gebaut. Zur Stromversorgung musste im Hochland bei Kárahnjúkar ein riesiger Damm errichtet und ein ganzes Tal geflutet werden. Das größte Bauprojekt in der islän-

Wo Elfen, Trolle und ein bergpredigender Jesus nicht weit sind, da ist das Paradies ganz nah: In der Tat wirbt der rund 60 Kilometer nördlich von Egilsstaðir gelegene Reiterhof Húsey damit, „ein kleines Paradies in Island" zu sein. Mensch und Tier jedenfalls, so hat es den Anschein (oben links), leben hier in trauter Eintracht. Mensch und Natur kommen sich bei einer Bevölkerungsdichte von durchschnittlich drei Einwohnern pro Quadratkilometer auch eher wenig in die Quere, schon gar nicht im vielleicht noch ein bisschen einsameren Osten: die Siedlung Borg in der Njardvíkbucht nördlich von Bakkagerði (oben rechts), ein Leuchtturm am Fjord Reyðarfjörður (unten rechts), der in einen weiteren Ostfjord, den Berufjörður, mündende und entlang der Passstraße Öxi verlaufende Fluss Berufjarðara (unten links).

dischen Geschichte sollte angeblich nur Vorteile bringen: Reduzierung der Abhängigkeit von der Fischerei und sichere Arbeitsplätze in den strukturschwachen Ostfjorden. Doch schon bald war das Kárahnjúkar-Projekt nicht nur das größte, sondern auch das umstrittenste Bauvorhaben Islands. Denn erstmals haben sich viele Isländer die Frage gestellt, wie viel Natur den wirtschaftlichen Interessen geopfert werden darf. Auch die Musikikone Björk war dagegen, ihre Mutter ging 2002 sogar in einen mehrwöchigen Hungerstreik, um gegen den Bau von Europas größtem Staudamm zu protestieren. In diesem Fall hat der Protest nichts genutzt: Seit 2007 versorgt das Kárahnjúkar-Wasserkraftwerk das Aluminiumwerk mit billigem Strom.

Elfen, Jesus und Kjarval

Borgarfjörður eystri, auch Bakkagerði genannt, ist so klein, dass man es kaum auf der Karte findet. Nur beim herbstlichen Schafabtrieb, dem Mittwinterfest Þorrablót und zu Mittsommer kommt Leben in den Ort. Die ganze Gegend ist bekannt für ihre Geschichten von Trollen und Elfen. So ist es auch kein Wunder, dass die Elfenkönigin in der Álfaborg, einem grün bewachsenen Lavahügel mitten im Ort, leben soll. Weil man nie wissen kann, ob es Elfen wirklich gibt, soll man sich in der Nähe des Hügels ganz still verhalten und keine Steine von dort mitnehmen. Nicht weit entfernt steht das Torfhaus Lindarbakki und vermittelt einen Eindruck davon, wie man einst hier wohnte.

Die kleine Kirchengemeinde von Borgarfjörður eystri besitzt mit dem Altarbild des isländischen Nationalmalers Jóhannes Kjarval, der in dieser Gegend aufwuchs, einen wahren Schatz. Das Motiv zeigt Jesus bei der Bergpredigt – auf dem Elfenhügel Álfaborg. Ursprünglich hatten die Dorfbewohner geplant, die Kirche auf diesem Elfenhügel zu errichten, aber da jemandem die Elfenkönigin im Traum erschien und davor warnte, verwarf man den Plan.

UNSERE FAVORITEN

Die ungewöhnlichsten Ausflüge

Islands geheime Welten

Isländer lieben die Natur, entsprechend groß ist das Angebot an organisierten Ausflügen. Der meistgebuchte Klassiker ist der Golden Circle, den jeder Veranstalter im Programm hat. Doch es geht auch exotischer: Abstecher ins Hochland, Gletscherwanderungen und als Höhepunkt der Abstieg in einen erloschenen Vulkan.

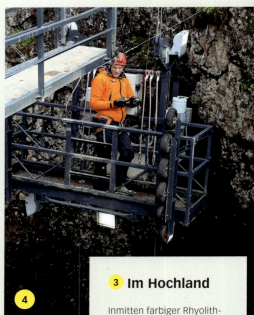

③ Im Hochland

Inmitten farbiger Rhyolithberge zählt Landmannalaugar zu den meistbesuchten Zielen im südlichen Hochland. Das Farbenspiel der Berge ist zusammen mit den schwarzen Obsidianströmen und den grünen Wiesen rund um die heißen Quellen einmalig. Wer nicht mit einem eigenen Allradfahrzeug unterwegs ist, erlebt auf diesem Tagesausflug entspannt das Hochland.

Reykjavík Excursions
Reykjavík, BSÍ Bus Terminal
Tel. 580 54 00, www.re.is
ISK 18 990
Der Veranstalter bietet auch weitere Ausflüge, Abfahrt von Reykjavík, Zustieg unterwegs teils möglich.

① Besuch bei den Elfen

Hafnarfjörður gilt als die Stadt der Elfen, Gnome und Trolle. Glaubt man Sigurbjörg Karlsdóttir, dann leben sie überall in der Lava, auf der die Stadt erbaut wurde. Geschichtenerzählerin Sigurbjörg Karlsdóttir kennt alle verborgenen Wesen und kann sogar mit ihnen kommunizieren. Regelmäßig nimmt sie Touristen auf einen rund zweistündigen Elfenspaziergang in diese geheimnisvolle Welt, die „Hidden World", mit.

Hidden World Walk
Tel. 69 4 27 85
www.alfar.is
Di. und Fr. 14.30 Uhr
ISK 4500
Treffpunkt an der Touristeninformation von Hafnarfjörður

② Ins Herz des Gletschers

Auf dem Langjökull, dem zweitgrößten Gletscher Islands, wurde eine künstliche Höhle ins Eis getrieben. Besucher gehen durch einen Tunnel rund 300 m ins Innere des Gletschers und sehen dabei, wie sich die Farbe des Eises von Weiß zu Tiefblau verändert. An der Eisbar warten schließlich Drinks und leckere Snacks.
Auch der Blick außerhalb der Höhle von dem rund 1250 m ü. d. M. gelegenen Plateau des Gletschers ist beeindruckend.

Die Standardtour beginnt am Rande des Gletschers in Húsafell:
Tour von Húsafell:
Dauer 3–4 Std.
Juni–Mitte Okt. bis zu 5x tgl.
ISK 19 500
Tour ab Reykjavík:
Dauer 9–11 Std.
Im Sommer tgl.
ab ISK 39 990
https://intotheglacier.is
Tel. 57 8 25 50

UNSERE FAVORI
92

5 Höhlentour

Die größte Lavahöhle Islands, die Víðgelmir-Höhle, befindet sich unter dem 1000 Jahre alten Lavafeld Hallmundarhraun in der Nähe von Húsafell. Nach dem Abstieg über Metallleitern und Felsbrocken gelangt man in die Höhle und sieht die farbigen Lavagebilde. Aus dem Boden wachsen Eisstalagmiten.

Treffpunkt ist am Servicehaus der Höhle, vom Hotel Húsafell ist der Weg ausgeschildert. Betreten der unter Naturschutz stehenden Höhle nur mit Führung.
im Sommer stündlich 9.00 bis 18.00 Uhr, sonst seltener
Dauer ca. 1,5 Std.
Tel. 78 3 36 00
www.thecave.is
ISK 6500

4 Abstieg in den Vulkanschlot

Durch den engen Schlot des Vulkans Thrihnukagigur geht es 120 m in die Tiefe. In einer Gondel, wie sie Fensterputzer an Hochhäusern verwenden, zwängt man sich durch die enge Öffnung und schwebt frei hängend bis zum Grund der ausgebrannten Magmakammer. Die Wände der Magmakammer bestehen aus bizarr erstarrtem Gestein, das in allen Farben leuchtet.

Inside the Volcano
https://insidethevolcano.com
Mitte Mai bis Ende Sept., ab Reykjavík, Dauer 5–6 Std.
ISK 44 000

6 Island von oben

Islands Landschaften sind oft atemberaubend schön, dies gilt ganz besonders, wenn man sie aus der Vogelperspektive erlebt. Schon der kurze Rundflug über den Mývatn-See und das Krafla-Gebiet ist beeindruckend, doch die „Super Tour" ist einmalig, denn neben Mývatn und Krafla fliegt man auch noch über Askja, Dyngjujökull, Kverkfjöll, Herðubreið, Dettifoss, Jökulsárgljúfur, Ásbyrgi, Námafjall und Hverfjall.

Mýflug Air startet mit kleinen Maschinen vom Flugplatz Reykjahlíð.
Buchung Tel. 464 44 00
oder myflug@myflug.is
www.myflug.is
20 Min. Rundflug 140 €
zweistündige Super Tour 360 €

7 Polarlichter

Polarlichter gehören zu den faszinierendsten Naturerscheinungen. In Island sind die Nächte von September bis Mitte April dunkel genug, dass man sie mit etwas Glück beobachten kann. Eine Garantie jedoch gibt es nicht, denn das Auftauchen der farbigen Schleier am Himmel ist von der Sonnenaktivität abhängig. Saga Travel bietet von Akureyri mehrstündige nächtliche Exkursionen zur Nordlichtbeobachtung an.

Saga Travel, Akureyri
Fjölnisgata 6a
Tel. 55 8 88 88
www.sagatravel.is
ISK 9900

INFOS & EMPFEHLUNGEN

DIE OSTFJORDE UND DER NORDOSTEN
94 – 95

Einsame Fjorde und bunte Dörfer

Rund ein Dutzend Fjorde gliedern die Küste Ostislands. Die Straßen winden sich um die Fjorde, sodass eine Fahrt Zeit kostet, aber spektakuläre Ausblicke beschert. Die Orte sind überwiegend klein und leiden unter Abwanderung. Den Reisenden erwarten bunte Häuser, von eiszeitlichen Gletschern geformte Berge und gute Wandermöglichkeiten.

❶ Jökulsárgljúfur

In Jahrtausenden gruben sich hier die Fluten der Jökulsá in den Basalt und schufen eine tiefe Schlucht, in die der Dettifoss als wasserreichster Wasserfall Europas stürzt. Heute gehört das seit 1973 als **Jökulsárgljúfur-Nationalpark TOPZIEL** geschützte Areal zum Vatnajökull-Nationalpark, bei dessen Gründung (2008) die Gebiete von Jökulsárgljúfur im Norden und Skaftafell im Süden zum größten Naturschutzgebiet Europas mit mehr als 12 000 km² Fläche vereint wurden.

SEHENSWERT

Ein Erlebnis sind die gewaltigen Schluchten und Wasserfälle des vom Vatnajökull gespeisten Flusses Jökulsá á Fjöllum. Landschaftlicher Höhepunkt ist die etwa 3,5 km lange, 1 km breite und 100 m tiefe **Ásbyrgi-Schlucht**. Durch den von Norden her in die Schlucht ragenden Keil „Eyjan" ist sie hufeisenförmig. **Jökulsárgljúfur TOPZIEL**, die Schlucht der Jökulsá, ist mit 25 km Länge, 500 m Breite und 120 m Tiefe die gewaltigste Erosionsschlucht Islands. In dieser Schlucht stürzt der **Dettifoss** über eine 100 m breite Stufe 45 m in die Tiefe. Oberhalb davon liegt der 10 m hohe Selfoss, unterhalb der 27 m hohe Hafragilsfoss.

INFORMATION

Ásbyrgí Visitor Centre, Tel. 470 71 00
www.vatnajokulsthjodgardur.is

❷ Egilsstaðir

Egilsstaðir (2500 Einw.), Verkehrsknotenpunkt und Dienstleistungszentrum Ostislands, ist eine junge Stadt, die sich erst mit der Brücke über den Lagarfljót entwickelte. Sie liegt in einem weiten, grünen Tal, in dem dank des milden Klimas die Landwirtschaft eine große Rolle spielt.

SEHENSWERT

Die wichtigsten Ausstellungsstücke des **Ostisländischen Heimatmuseums** (Minjasafn Austurlands, Laufskógar 1, Tel. 471 14 12, www.minjasafn.is, Juni-Aug. tgl. 10.00–18.00, sonst

Rentiere am Kárahnjúkar-Damm. Ein Fischkutter am Ostfjord liegt auf dem Trockenen; Spektakel am Dettifoss (unten).

Di.–Fr. 11.00–16.00 Uhr) stammen aus einem Wikingergrab, das 1995 entdeckt wurde.

UNTERKUNFT

Das € € € **Gistihús Egilsstaðir** (Tel. 471 11 14, www.lakehotel.is) bietet 50 moderne, komfortable Zimmer mit Bad und Frühstück sowie ein exzellentes Restaurant.
Der € **Campingplatz in Atlavík** liegt mitten im Wald und nur wenige Schritte vom Ufer des Lagarfljót. Viele Wanderwege gibt es in der Umgebung.

UMGEBUNG

Südwestlich von Egilsstaðir erstreckt sich der rund 30 km lange und nur knapp 3 km breite See **Lagarfljót**, der oft auch **Lögurinn** genannt wird. Am Ostufer findet man Islands größtes Waldgebiet **Hallormsstaður**. Am Südende des Sees liegt die Kirche von **Valþjófsstaður**, die wegen ihrer Tür aus dem 13. Jh. bemerkenswert ist (Rekonstruktion, Original im Nationalmuseum). In **Skriðuklaustur** gibt es ein stattliches, in Island einzigartiges Haus im böhmischen Stil. Der isländische Dichter Gunnar Gunnarsson (1889–1975) ließ es sich bauen, heute dient es als Kulturzentrum und für Ausstellungen (tgl. 10.00–18.00 Uhr). In der Nähe zweigt eine asphaltierte Straße ins Hochland ab, auf der man rund 50 km ins Hochland bis zum **Kárahnjúkar-Damm** fahren und dort einen Blick auf die Ausläufer des **Vatnajökull** werfen kann.
Wieder zurück am See lohnt noch der **Hengifoss**, mit 118 m Islands dritthöchstem Wasserfall, einen Stopp. 20 km südw. von Vopnafjörður liegt das mit 27 Räumen ungewöhnlich große Torfgehöft **Bustarfell** (Tel. 855 45 11, www.visitvopnafjordur.com, Juni–Mitte Sept. tgl. 10.00 bis 17.00 Uhr), das bis 1966 rund 500 Jahre von derselben Familie bewohnt wurde.

INFORMATION

East Iceland Tourist Info, Miðvangi
Tel. 471 23 20, www.east.is

INFOS & EMPFEHLUNGEN

❸ Seyðisfjörður

Ohne den Heringsboom Anfang des 20. Jh. gäbe es Seyðisfjörður (680 Einw.) wohl nicht. Damals ließen sich norwegische und dänische Kaufleute hier nieder und brachten ihre bunten Holzhäuser und die Kirche als Bausatz aus der Heimat mit. Die Fähre „Norröna" der Smyril Line (www.smyrilline.de) fährt ganzjährig vom dänischen Hirtshals nach Seyðisfjörður.

SEHENSWERT
Das **Technikmuseum Ostislands** befindet sich im ehemaligen Wohnhaus des Norwegers Otte Wathne, eines Technikfreaks (Tækniminjasafn Austurlands, Hafnargata 44, Tel. 472 16 96, www.tekmus.is, Juni–Mitte Sept. Mo.–Fr. 11.00 bis 17.00, sonst 13.00–16.00 Uhr). Im Kulturzentrum **Skaftfell** (Austurvegur 42, Tel. 472 16 32, www.skaftfell.is, tgl. 15.00–22.00 Uhr) stellen regelmäßig isländische und internationale Künstler aus.

ERLEBEN
Am Ostufer des Seyðisfjörður, rund 18 km vom Ort entfernt, liegt das Natur- und Kulturzentrum **Skálanes** mit Übernachtungsmöglichkeit. Gut die Hälfte der Strecke kann man mit einem normalen Pkw fahren, den Rest mit Allradfahr-

Technikmuseum Ostislands in Seyðisfjörður (oben), Wandertour am Borgarfjörður (o.r.), Hafen von Djupivogur (unten).

zeug oder zu Fuß auf dem Küstenweg zurücklegen. Nicht nur für Ornithologen: Von Skálanes werden geführte Wanderungen zu den großen Vogelkolonien an der Steilküste angeboten (https://kalanes.com).

UNTERKUNFT/RESTAURANT
Das € € € **Hótel Aldan** (Oddagata 6, www.hotelaldan.is, Tel. 472 12 77,) überzeugt mit einer charmanten Mischung aus Nostalgie und Komfort. Im rot-weißen historischen Holzhaus an der Hauptstraße Norðurgata befand sich seit 1920 ein Kramladen. Heute beherbergt es die Rezeption des Hótel Aldan sowie das gleichnamige € € € **Nordic Restaurant** (Tel. 472 12 77, tgl. 12.00–21.00 Uhr).
In der einstigen Heringsstation direkt am Wasser ist heute die Jugendherberge € **Farfuglaheimili Hafaldan** (Ránargata 9, Tel. 611 44 10, http://hafaldan.is) untergebracht.

INFORMATION
Tourist Information Centre
Ferjuleiru 1 (am Fähranleger)
Tel. 47 2 15 51, www.east.is

❹ Eskifjörður

Das lang gestreckte Ort (1000 Einw.) liegt an einem kleinen Seitenarm des Reyðarfjörður vor der spektakulären Bergkulisse des 985 m hohen Holmatindur. Fischerei, Fischmehlverarbeitung und das nahe Aluminiumwerk halten den Ort am Leben.

SEHENSWERT
Das alte Handelshaus Gamla Búð beherbergt das **Fischereimuseum Ostislands** mit Ausstellungen zum Fisch-, Hai- und Walfang in der Region. Auch das Heimatmuseum mit Stadtmodell ist dort untergebracht (Sjóminjasafn Austurlands, Strandgata 39b, Tel. 470 90 63, Juni–Aug. tgl. 13.00–17.00 Uhr).

UNTERKUNFT
Das Gästehaus € € **Mjóeyri** (Strandgötu 120, Tel. 477 12 47, www.mjoeyri.is) liegt zusammen mit einem kleinen Leuchtturm etwas außerhalb auf einer Sandbank im Fjord. Es bietet einfache, aber gemütliche und modernisierte Zimmer im Haus von 1895 sowie mehrere Hütten. Boot und Angelausrüstung können dort ausgeliehen werden.

> **Tipp**
>
> ### Die Steinsammlerin
>
> Petra Sveinsdóttir (1922–2012) aus ❻ **Stöðvarfjörður** ist bis weit über die Grenzen des kleinen Ortes hinaus bekannt, denn sie hat ihr ganzes Leben lang Steine und Mineralien gesammelt – nicht aus wissenschaftlichem Interesse, sondern weil sie sie schön fand. Seit ihrem Tod betreut ihre Familie ihre Ausstellung weiter (das Bild zeigt ihre Enkelin). Jährlich mehr als 25 000 Besucher wissen die Exponate zu schätzen.
>
>
>
> **PETRA'S STONE COLLECTION**
> Fjarðarbraut 21, Stöðvarfjörður
> Tel. 475 88 34, www.steinapetra.is, Mai–Sept. tgl. 9.00–18.00 Uhr

RESTAURANT
In € € / € € € **Randulffs Sjóhús** (Strandgata 87, Tel. 477 12 47, Juni–Aug. 12.00–21.00 Uhr) gibt es in einem urigen Gerätehaus am Wasser für Mutige als Vorspeise Hákarl – fermentierten Hai –, Trockenfisch und Hering, dazu starken Brennevin. Letzteren braucht man auch, sollte aber bedenken, dass gewöhnungsbedürftige Traditionsgerichte wie Hákarl oder Svið (abgesengter, erst gekochter, dann im Ofen gebräunter halber Schafskopf) inzwischen eher selten auf dem Speiseplan der isländischen Restaurants stehen, also eine vielerorts gesuchte Rarität sind, während Lamm und Fisch in den unterschiedlichsten Variationen immer und überall bestellt werden können.

UMGEBUNG
Im Vergleich zu den anderen Orten der Region wirkt das am Nordufer des kleinen Norðfjörður spektakulär unterhalb steiler Berghänge gelegene **Neskaupstaður** mit seinen 1400 Einwohnern fast schon städtisch. Das Naturkundemuseum in der Miðstræti zeigt ausgestopfte Tiere und Mineralien (im Sommer tgl. 13.00 bis 17.00 Uhr). **Reyðarfjörður** (1400 Einw.), südwestlich, hat durch den Bau des Aluminiumwerks einen gewaltigen Wachstumsschub bekommen.

INFORMATION
Tourist Information
Heiðarvegur 37
Reyðarfjörður, Tel. 470 90 00
www.east.is

DIE OSTFJORDE UND DER NORDOSTEN

⑤ Faskrúðsfjörður

Am Fáskrúðsfjörður (700 Einw.) hatten französische Fischer im 19. Jh. ihre wichtigste Niederlassung in den Ostfjorden. Sie unterhielten hier sogar Konsulat und Krankenhaus, Kapelle und Friedhof. An diese Zeit erinnern die zweisprachigen Straßennamen: isländisch und französisch.

UNTERKUNFT
Das bunte Holzhaus des € € **Hotel Bláfell** (Sölvellir 14, 760 Breiðdalsvík, Tel. 475 67 70, https://breiddalsvik.is/hotel-blafell) leuchtet in den isländischen Farben blau und rot und liegt direkt an der Straße. Sauna, Kamin, Bibliothek und ein Restaurant mit regionalen Gerichten.

RESTAURANT
Das Schönste am € / € € **Café Sumarlína** (Búðavegur 59, Tel. 475 15 75, im Sommer Mo. bis Fr. 11.00–22.00, Sa., So ab 13.00 Uhr, https://sumarlina.is) in Fáskrúðsfjörður ist die sonnige Terrasse mit Blick auf Hafen und Fjord.

⑦ Djúpivogur

Djúpivogur (400 Einw.) mit seinen schönen bunten Häusern liegt auf einer Landzunge zwischen Berufjörður und Hamarsfjörður. Wegen des guten natürlichen Hafens ist der Ort einer der ältesten Handelsplätze, schon die Kaufleute der Hanse unterhielten im 16. Jh. eine Niederlassung. Bis in die 1920er-Jahre trieben hier vor allem die Dänen Handel.

SEHENSWERT
Oberhalb des Hafens fällt das große rote **Langabúð** (Tel. 478 82 20, im Sommer Mo.–Fr. 10.00–18.00, Sa., So. bis 13.00 Uhr) ins Auge, 1790 als Laden und Lagerhaus erbaut. Heute dient es als Regionalmuseum, Café und Touristeninformation.

ERLEBEN
Im Sommer kann man Ausflüge zur unbewohnten Vogelinsel **Papey** machen. Infos unter Tel. 478 81 19.

UNTERKUNFT
Direkt am Hafen liegt das € € € **Hótel Framtíð** (Vogalandi 4, Tel. 478 88 87, www.hotelframtid.com) mit einem alten Flügel von 1905 und einem Neubau. Zimmer mit und ohne Bad, auch Schlafsackunterkünfte, drei Restaurants mit typisch isländischer Küche.
Auf der Nordseite des Berufjörður liegt das € / € € **Farfuglaheimili Berunes** (www.hostel.is/hostels/berunes, Tel. 478 89 88). Vom ehemaligen Bauernhof vom Anfang des 20. Jh. genießt man einen schönen Blick über den Fjord und wird von Anna und Ólafur aufs Herzlichste betreut. Zimmer mit und ohne Bad, Schlafsackunterkunft, Campingplatz.

INFORMATION
Touristeninformation im Museum Langabúð, Búð 1, Djúpivogur, Tel. 47 0 87 40, www.east.is

---

Genießen **Erleben** *Erfahren*

In den bunten Bergen

DuMont Aktiv

Das kleine Dorf Borgarfjörður eystri liegt zwar am Ende der Welt, aber die Landschaft ringsum ist fantastisch, das Rhyolithgestein überaus farbenprächtig, und die Wandermöglichkeiten sind ausgezeichnet.

Man kann sie auf dem Weg nach Borgarfjörður eystri gar nicht verfehlen. Kurz bevor man nach der Passhöhe die Bucht Njarðvík erreicht, liegt die Schlucht Innra Hvannagil rechter Hand. Schon nach wenigen Schritten ist man umgeben von buntem, dem Granit ähnlichem vulkanischem Rhyolithgestein, das von schwarzem Basalt durchdrungen ist. Ein schmaler Pfad führt am Bach entlang bergauf, bis die Wände immer steiler werden und schließlich Felsbrocken den Weg versperren. Eine kleine Wanderung, für die man rund drei Stunden einplanen sollte, führt nach Brúnavík. Vom Parkplatz östlich des Ortes geht es über grüne Hügel bergauf zu einem rund 350 m hohen Pass. Von dort oben genießt man die Fernsicht und steigt etwas steiler in die menschenleere Bucht Brúnavík ab, um dann auf demselben Weg zurückzukehren.

Wer sich fit fühlt, der fährt von Borgarfjörður eystri zum Pass Vatnskarð und steigt von hier auf einem gut sichtbaren Pfad steil landeinwärts auf. Nach rund zwei Stunden erreicht man den gewaltigen Bergsturz Stórurð und kann dann noch das Dyrfjöllmassiv umrunden, ist dann aber insgesamt mindestens neun Stunden unterwegs.

Auskunft & Wanderkarte

Auskunft
Im Álfacafé (tgl. 10.00–20.00 Uhr), einem netten Café mit Souvenirshop und kleiner Steinsammlung
⑧ Borgarfjörður eystri

www.borgarfjordureystri.is
Für alle längeren Unternehmungen lohnt sich die Anschaffung einer **Wanderkarte**, die u. a. bei der East Iceland Tourist Info in Egilsstaðir erhältlich ist.

Schwarzer Basalt schiebt sich eindrucksvoll durch das vielfarbige Rhyolithgestein. Auch Elfen soll es in Borgarfjörður eystri geben.

Feuer und Eis

Die Südküste liegt im Schatten des riesigen Vatnajökull: Oft war dieser Gletscher Ursache von Katastrophen, doch seine extremen Landschaften sind immer wieder faszinierend. Gleißend weiße Gletscherzungen, mit Eisbergen bedeckte Lagunen, grüne, bizarr erodierte Lavaberge, schneebedeckte Vulkane, erstarrte und von dicken Moospolstern überzogene Lavaströme, riesige Sander und imposante Wasserfälle ziehen einen in den Bann.

Gletscherwanderung auf dem Sólheimajökull: Steigeisen erleichtern die Fortbewegung.

An der Südküste findet man einsame Campingplätze mit Sommerhäuschen ebenso wie …

… kilometerlange Lavastrände mit bizarren Felsformationen.

Die Kirche von Vík í Mýrdal wurde im Jahr 1934 auf einem Hügel über dem Ort errichtet. Bei den Felsen im Hintergrund soll es sich um Trolle handeln, die zu Stein erstarrten, als sie hier an Land gehen wollten.

Basaltsäulen bei Garðar in der Nähe von Vík í Mýrdal

> Unter fast allen isländischen Gletschern schlummern Vulkane. Die aktivsten und gefährlichsten liegen unter dem Eis im Süden.

Eine „Insel aus Feuer und Eis", nirgendwo passt dieses schmückende Attribut besser als an der Südküste. Bis auf wenige Kilometer nähert sich hier der größte Gletscher Europas, der Vatnajökull, dem Meer. Rechnet man noch die weiter westlich gelegenen Mýrdalsjökull und Eyjafjallajökull dazu, bedecken sie eine Fläche von rund 9000 Quadratkilometern. Zwar schlummern unter fast allen isländischen Gletschern Vulkane. Die aktivsten und gefährlichsten liegen jedoch unter dem Eis im Süden: Grímsvötn, Hvannadalshnúkur und Bárðarbunga unter dem Vatnajökull und die gefürchtete Katla unter dem Mýrdalsjökull. Brechen diese Vulkane aus, schmelzen ungeheure Mengen Eis, was verheerende Gletscherläufe zur Folge hat. Riesige Sanderflächen, durchzogen von reißenden Gletscherflüssen, machten die Südostküste fast unpassierbar, bis 1974 die letzte Lücke in der Ringstraße geschlossen wurde.

Eisige Kulisse

Doch die Südküste ist nicht nur ein Katastrophengebiet, sondern wegen ihrer spröden Schönheit auch immer wieder faszinierend. Ganz oben auf der Wunschliste vieler Islandbesucher steht der Gletschersee Jökulsárlón. Die Gletscherzunge des Breiðamerkurjökull liefert laufend Nachschub an Eisbergen, dicht gedrängt treiben sie auf der Jökulsárlón, bis sie so weit abgeschmolzen sind, dass sie durch den kürzesten Gletscherfluss Islands ins Meer treiben können. Kein Eisberg gleicht dem anderen in Farbe und Größe, schaut man genau hin, entdeckt man immer neue Variationen aus Blau, Weiß und Schwarz.

Filmteams aus aller Welt haben den Jökulsárlón schon lange als spektakuläre Kulisse entdeckt. James Bond durfte gleich zweimal, in „Stirb an einem anderen Tag" und „Im Angesicht des Todes", hier fiese Bösewichte jagen. Auch die Crews von „Tomb Raider" und „Batman Begins" sowie die kanadisch-isländisch-britische Koproduktion „Beowulf & Grendel" mit Gerard Butler drehten hier Sequenzen. Selbst in mehreren Autowerbungen waren die Eisberge der Jökulsárlón schon zu sehen.

Sandwüste bis zum Horizont

Westlich der Jökulsárlón schickt der Vatnajökull kalbende Gletscherzungen zu Tal und speist Gletscherflüsse, die ständig ihren Lauf ändern. Ungezähmt streben sie dem Meer entgegen, transportieren in ihren schmutzig grauen Fluten Schutt und Geröll, bilden weite Sanderflächen, Strandwälle und Dünen. Ein trostloses Schwarz ist auf diesen fast

Fjaðrárgljúfur: Beeindruckende zwei Millionen Jahre alt ist die Schlucht,
die der Fluss Fjaðrá bei Kirkjubæjarklaustur schuf.

Alle Facetten des isländischen Alltags beleuchtet ...   ... das Heimatmuseum von Skógar.

vegetationslosen Flächen die vorherrschende Farbe. Je nach der Jahreszeit fegen Sand- oder Schneestürme über das flache Land.

Auf mehreren Brücken führt heute die Ringstraße über den Skeiðarársandur, der ein verwirrendes Labyrinth aus schwarzem Sand und trüben Gletscherflüssen bildet. Vor dem Brückenbau war es oft lebensgefährlich, die reißenden Flussarme der Skeiðará zu überqueren. Legendär ist bis heute der Postreiter Hannes Jónsson, der bis 1968 auf dem Hof Núpsstaður lebte und mehr als 50 Jahre lang Reisende sicher über den Skeiðarársandur geleitete.

Nachdem der Vulkan Grímsvötn 1996 unter dem Eis ausgebrochen war, gab es den bisher letzten großen Gletscherlauf an der Skeiðará. Die Bilder vom reißenden Fluss, den zerstörten Brücken und den bis zu zehn Meter hohen Eisblöcken in der Sandebene gingen um die Welt. Noch heute erinnern die verbogenen Stahlträger der alten Brücke an diese Urgewalt. Trotz aller Widrigkeiten gibt es selbst hier einige Höfe, die, dicht an die Berghänge gepresst, den schmalen Streifen Weideland nutzen. Öræfi, Wüste, heißt dieses unwirtliche Stück Land zwischen den Sandern.

Nach den Vulkanausbrüchen von 1362 und 1727 haben viele aufgegeben, doch einige blieben. Auf der Felsklippe Ingolfshöfði vor der Küste soll der erste Siedler Ingólfur Arnarson an Land gegangen sein. Nachdem er seine Hochsitzpfeiler wiedergefunden hatte, verließ er diesen unwirtlichen Ort und ließ sich in Reykjavík nieder. Außer einer Gedenksäule und einem Leuchtturm gibt es bis heute auf der unter Naturschutz stehenden Klippe nur Vogelkolonien.

Das Skaftafeuer
Am 8. Juni 1783 begann der weltweit größte Vulkanausbruch in geschichtlicher Zeit. Am Berg Laki öffnete sich eine 25 Kilometer lange Spalte, 130 Krater spien Feuer, Lava und Asche. Im Verlauf von acht Monaten förderten die Vulkankegel geschätzte 14 Milliarden Kubikmeter zutage. Die Lavafontänen waren mehrere hundert Meter hoch und kilometerweit zu sehen, über dem gesamten Gebiet stand eine riesige Gas- und Aschewolke. Als der glühend heiße Strom die Flussbetten von Skaftá und Hverfisfljót gefüllt hatte, quoll er über und begrub mehr als 300 Quadratkilometer Land unter sich.

Auch Kirkjubæjarklaustur wurde von der Lava bedroht, was den damaligen Pfarrer Jón Steingrimsson zu seiner berühmten „Feuerpredigt" veranlasste. Während er vor der Gemeinde in der Kirche predigte, kam die Lava tatsächlich kurz vor dem Ort zum Stillstand. Ihm zu Ehren wurde 1974 die neue Kirche von Klaustur gebaut, die statt eines Altarbildes ein Fenster besitzt, durch das man den Lavastrom sehen kann. Inspiriert von den Aufzeichnungen Steingrimssons hat Jón Trausti seinen 1912 erschienenen und auch ins Deutsche übersetzten Roman „Skaftafeuer" geschrieben. Doch mit dem Ende der eigentlichen Ausbrüche begann erst die große Katastrophe. Giftige Asche-, Schwefel- und

Die Bilder vom reißenden Fluss, den zerstörten Brücken und den Eisblöcken gingen um die Welt.

Vom – den Vulkan Katla bedeckenden – Hauptgletscher Mýrdalsjökull schiebt sich der Sólheimajökull (ganz oben und rechts, oben ein Amphibienfahrzeug am Gletschersee Jökulsárlón) in Richtung Südwestküste.

Am Südrand des Vatnajökull, zwischen Skaftafell und Höfn: „Gletscherflusslagune" bedeutet der Name des Jökulsárlón, des mit 248 Metern tiefsten isländischen Sees.

Ausbruch des Eyjafjallajökull: für Isländer kein Grund zur Aufregung. Im Rest Europas brach dagegen das große Chaos aus.

Fluorwolken töteten einen Großteil der Tiere, führten zu Temperaturstürzen und Missernten, in deren Verlauf etwa ein Viertel der isländischen Bevölkerung starb.

Die Auswirkungen beschränkten sich nicht auf Island – auch in Europa waren die folgenden Sommer extrem kurz, und alles lag unter einer Dunstglocke. Wissenschaftler schätzen, dass bei der Laki-Eruption mehr Schwefeldioxid in die Atmosphäre gelangte als durch alle heutigen industriellen Aktivitäten eines Jahres. Inzwischen wirken die zum Großteil mit Moos bewachsenen Laki-Krater friedlich und lassen das Ausmaß der Katastrophe kaum noch erahnen.

Am Eyjafjallajökull

Seit einige norwegische Wikinger vor über tausend Jahren beschlossen, sich auf einer unwirtlichen Vulkaninsel mitten im Atlantik niederzulassen, gehören Naturkatastrophen für die Menschen zum Alltag. Die wilde, ungezähmte Natur beginnt für viele Isländer gleich hinter dem Haus. Soll man sich über schlechtes Wetter, Sandstürme, Schneestürme, Vulkanausbrüche oder Gletscherläufe aufregen? Hat keinen Sinn, ist eh nicht zu ändern, denken die meisten. Also sollte man das Beste daraus machen und nicht verzweifeln. So sehen das auch Olafur Eggertsson und seine Familie. Ihre Farm Thorvaldseyri mit Äckern, Weiden und Kühen liegt am Fuß des Eyjafjallajökull. Seit den ersten Siedlern ist der Vulkan rund zwei Autostunden östlich von Reykjavík erst dreimal ausgebrochen, fast 200 Jahre war er friedlich. Doch nach einem kleinen Vorgeplänkel im März 2010 begann der Eyjafjallajökull ab dem 13. April Lava zu spucken. Über dem Gipfel stieg eine mehrere tausend Meter hohe Staub- und Aschewolke auf, die mit dem Wind nach Mittel- und Nordeuropa trieb und dort tagelang den gesamten Flugverkehr lahmlegte.

Für isländische Verhältnisse war es ein eher durchschnittlicher Vulkanausbruch mit eher lokalen Auswirkungen. Kein Grund zur Aufregung. Im Rest Europas brach dagegen das große Chaos mit tausenden gestrandeten Reisenden aus.

Hausputz nach der Katastrophe

Olafur Eggertsson sperrte in aller Ruhe noch seine Kühe in den Stall und verließ dann für einige Tage die Farm. Mit ihm mussten auf Anweisung der isländischen Zivilschutzbehörde vorsichtshalber ungefähr 600 Menschen in drei Ortschaften ihre Häuser verlassen. Verletzte oder Vermisste gab es nicht. Als Olafur wiederkam, war jegliche Farbe aus der

Seit im Juni 2010 die neue Fährverbindung von Bakki an der Südküste Islands zu den Westmännerinseln (oben die Hauptinsel Heimaey) eröffnet wurde, hat sich die Überfahrtsdauer von fast drei Stunden auf etwa eine halbe Stunde verkürzt.

Längst verläuft das Leben auf den Westmännerinseln wieder in ruhigeren Bahnen. Die milliardenteuren Pläne für einen Tunnelbau zum „Festland" (Island) wurden ad acta gelegt, der Orca „Keiko", Hauptdarsteller des Films „Free Willy", in die Freiheit entlassen. Er schaffte es nur bis Norwegen ...

„Pompeji des Nordens": Der Vulkanausbruch von 1973 dauerte fünf Monate. Auf Heimaey verschwanden 300 Häuser unter der Lava, den Rest bedeckte eine meterhohe Ascheschicht.

Blick auf die Hauptinsel mit dem von Bakki her kommenden Fährschiff

Die Westmännerinseln

Special

Leben auf dem Vulkan

Fünfzehn kleine felsige Inseln vor der isländischen Südküste – mit der erst 1963–1967 entstandenen Insel Surtsey – bilden die Gruppe der Westmännerinseln (isländisch: Vestmannaeyjar). Nur die größte Insel, Heimaey, ist bewohnt.

Auch in der Geschichte der Westmännerinseln taucht der Name Ingólfur Arnarson auf, des norwegischen Wikingers, mit dem Islands Landnahme begann. Arnarsons Stiefbruder Hjörleifur wurde von seinen irischen Sklaven getötet. Danach flüchteten die Mörder von Vik aus auf eine der winzigen vorgelagerten Inseln, wo Ingólfur sie dennoch aufspürte und blutige Rache nahm. Seitdem sind die Vestmannaeyjar nach diesen Sklaven benannt, denn Iren bezeichnete man damals als „Westmänner".

Schlagzeilen machten die Inseln 1973, als sich am 23. Januar eine zwei Kilometer lange Spalte öffnete und gewaltige Lavafontänen in den Nachthimmel schossen. Innerhalb weniger Stunden musste die gesamte Bevölkerung von Heimaey evakuiert werden. Erst im Juli ließen die Eruptionen nach, doch da lag schon die ganze Insel unter einer meterhohen Ascheschicht, ein Drittel der Stadt war von der Lava zerstört. Rund zwei Drittel der Bewohner kehrten trotzdem nach Heimaey zurück. Heute leben viele der 4300 Insulaner vom Fischfang und freuen sich über Tagesausflügler.

Bemalte Fassade auf Heimaey

Landschaft verschwunden, alles lag unter einer dicken, klebrigen Ascheschicht. Doch schon nach vier Wochen Haus- und Hofputz war davon kaum noch etwas zu sehen.

Vom ersten Tag an hatte er alles mit seiner Kamera dokumentiert, den Ausbruch des Eyjafjallajökull, die auf der Farm liegende Ascheschicht und die folgenden Aufräumarbeiten. Fragt man ihn, ob er Angst habe, dass der Vulkan wieder ausbricht, schüttelt er den Kopf und sagt trotzig: „Wir werden auch das meistern."

Der am besten überwachte Vulkan Islands

Viel schlimmer könnte es werden, wenn der Vulkan Katla unter dem Mýrdalsjökull ausbräche. Vulkanologen und Geologen sind beunruhigt, denn nach jedem Eyjafjallajökull-Ausbruch regte sich auch die Katla. Da die Katla zuletzt 1918 aktiv war, ist sie längst überfällig. Mit ihr ist nicht zu spaßen, denn sie ist für einige der explosivsten Vulkanausbrüche und heftigsten Gletscherläufe in der isländischen Geschichte verantwortlich. Deshalb ist die Katla im Süden des Landes der am besten überwachte Vulkan Islands: Noch jede kleinste Regung wird sorgsam registriert, um rechtzeitig warnen zu können.

Auch von der Südküste aus sollte man sich einen Ausflug in die spektakulären Landschaften des isländischen Hochlands (alle Abbildungen) nicht entgehen lassen: „Über dem Hochland liegen die Wolken niedrig …, und Himmel erscheint bloß als schmaler Streifen am Horizont, gelb wie Bernstein oder Zitrone und gegen Mitternacht lila. Kurz darauf ist Morgen, in der Ferne ein rötliches Gestäube, ein Sandsturm. Anderswo ein hundertfaches Geäder von blinkenden Flüssen in einer Ebene" (Max Frisch).

„Was die Menschen trennt, ist gering, gemessen an dem, was sie einen könnte."

Halldór Laxness

DUMONT THEMA

ISLÄNDISCHE MUSIK

Björk & Co.

Mit Björk hat alles angefangen – zumindest war sie die erste, die mit ihrer legendären Band „Sugarcubes" auch jenseits der Nordatlantikinsel für Furore gesorgt hat. Zwar fällt den meisten bei isländischer Musik immer noch als Erstes der Name Björk ein, doch schon lange sorgen auch andere wie Sigur Rós auf internationalen Bühnen für Aufmerksamkeit.

DER VATNAJÖKULL UND DIE SÜDKÜSTE

Die im Jahr 1965 geborene Björk Guðmundsdóttir war schon in jungen Jahren ein Multitalent. Mit elf nahm sie ihr erstes Album mit Kinderliedern und Coversongs unter dem Titel „Björk" auf. In Island hatte sie damit Erfolg, der Rest der Welt nahm damals noch keine Notiz von ihr. Es folgten diverse Bandgründungen wie „Spit and Snot", „Exodus", „Jam 80", „Tappi Tíkarass" und „KUKL", die überwiegend im Punk angesiedelt waren. Dann kam mit den „Sugarcubes" auch der internationale Durchbruch. Plötzlich kannte man selbst in England und in den USA isländische Musik. Schon das erste Album der „Sugarcubes", „Life's Too Good", wurde in den USA aufgenommen. Noch während ihrer Sugarcube-Zeit brachte Björk mit einem Jazztrio das Album „Gling-Gló" heraus, das in Island ebenfalls ein Riesenerfolg wurde.

Ein Multitalent

Björk erfand sich ständig neu, hatte immer wieder neue Ideen und auch den Mut, sie umzusetzen. Alles, was sie begann, wurde ein Erfolg. Auch ihre Solokarriere ab 1992 und ihr Album „Debut" brachten gleich zahlreiche Auszeichnungen. Mittlerweile hat sie fast alle musikalischen Stilrichtungen ausprobiert und sich nicht nur als Sängerin, sondern auch als Komponistin, Songwriterin und Schauspielerin profiliert. Ihr Ausflug in die Schauspielerei brachte ihr in dem Lars-von-Trier-Film „Dancer in the Dark" gleich die Hauptrolle und beim Cannes Film Festival 2000 die Auszeichnung als beste Darstellerin, ebenso bei der Verleihung des Europäischen Filmpreises. Sie hat die isländische Musik international salonfähig gemacht und sich selbst längst in eine Richtung weiterentwickelt, die mit Pop nur noch wenig, mit künstlerischer Performance dagegen sehr viel zu tun hat.

Durchbruch für Island

Ihr Erfolg bescherte aber auch anderen Formationen der kreativen isländischen Musikszene viel Aufmerksamkeit. Am populärsten wurde das Quartett Sigur Rós mit seinen sphärischen Klanglandschaften, die tief in die isländische Sprache und Kultur eingebettet sind. Wie gut das auch visuell harmoniert, wussten die vier eindrucksvoll in ihrem Bandfilm „Heima" zu demonstrieren.

Kulturtempel: Reykjavík schmückt sich seit 2011 mit dem Konzerthaus Harpa.

Die Band Sigur Rós zählt nach Björk zu den bekanntesten Isländischen Musikern, hier 2008 bei einem Konzert in Reykjavík.

Musik im Netz, live und auf DVD

Die Internetplattform **www.icelandmusic.is** gibt einen guten Überblick über die isländische Musikszene, es gibt Biografien über so gut wie jeden Künstler.

Das **Musikfestival Iceland Airwaves** fand erstmals im Jahr 1999 in einem Reykjavíker Flugzeughangar statt. Mittlerweile ist es der Klassiker schlechthin, bei dem auch viele internationale Künstler auftreten. Wer Tickets für das Festival im November haben möchte, muss sich rechtzeitig bemühen, denn schon Wochen vorher ist in der Regel alles ausverkauft (https://icelandairwaves.is).

Einen Einblick in die kreative Musikszene Reykjavíks gibt der auf DVD erhältliche Film **Back Yard**, in dem einige der besten Bands des Landes auftreten.

INFOS & EMPFEHLUNGEN

DER VATNAJÖKULL UND DIE SÜDKÜSTE
112 – 113

Am Vatnajökull

Ein Teil von Islands Südküste wirkt mit seinem grünen Weideland lieblich. Doch über weite Strecken schiebt sich das Eis von Vatnajökull und Mýrdalsjökull bis in Küstennähe und sorgt für eine dramatische Szenerie. Riesige Sanderflächen, steile Felsabbrüche und ausgedehnte Lavafelder sorgen für spektakuläre Anblicke.

❶ Höfn

Vor gut 100 Jahren musste der weiter östlich gelegene Ort Papós aufgegeben werden. Deshalb beschloss der Kaufmann Ottó Tulinius kurzerhand, sein Haus zu zerlegen und in Höfn (1700 Einw.) wiederaufzubauen. Höfn, auf einer flachen Landzunge gelegen, sieht man seine kurze Geschichte an: Moderne Zweckbauten bestimmen das Ortsbild. Der Hafen, Dienstleistungen und Tourismus sind die Haupteinnahmequellen. Bei gutem Wetter kann man die Gletscherzunge Fláajökull sehen.

SEHENSWERT
Im historischen Holzhaus **Gamlabúð** in der Nähe des Hafens kann man sich über den Vatnajökull-Nationalpark informieren (Heppuvegur 1, Tel. 470 83 30, www.visitvatnajokull.is, www.vatnajokulsthjodgardur.is, Juni–Aug. tgl. 9.00 bis 18.00, Mai, Sept. 9.00–18.00, sonst 9.00 bis 17.00 Uhr). Besonderes Augenmerk legt die Ausstellung auf den Gletscher und die Folgen den Klimawandels. Wegen der vielen rastenden Vögel bieten sich in der Region gute Beobachtungsmöglichkeiten.

RESTAURANT
€ € / € € € **Humarhöfnin** (Hafnarbraut 4, Tel. 478 12 00, www.humarhofnin.is, Mai–Sept. tgl. 12.00–22.00, Okt., Nov. und Mitte Jan.–Apr. bis 21.00 Uhr Uhr) lässt die edlen Krustentiere von lokalen Fischern fangfrisch liefern und bereitet sie exzellent zu.

INFORMATION
Touristeninformation
im Nationalparkzentrum (Gamlabúð)
Heppuvegur 1, Tel. 470 83 30

❷ Skaftafell

Der 1967 gegründete **Skaftafell-Nationalpark** TOPZIEL wurde mehrfach erweitert – seit 2008 ist er Teil des riesigen Vatnajökull-Nationalparks. Am Südwestrand des Vatnajökull gelegen und von drei Gletscherzungen – Skaftafellsjökull, Skeiðarárjökull und Öræfajökull – umgeben, überrascht die üppige Vegetation. Das Besucherzentrum, Ausgangspunkt für vielfältige Unternehmungen, ist über eine kurze Stichstraße mit der Ringstraße verbunden. Im Sommer herrscht deshalb hier immer viel Betrieb.

ERLEBEN
Der beliebteste Spaziergang vom Besucherzentrum Skaftafell führt zum Wasserfall **Svartifoss**, der in ein von Basaltsäulen umrahmtes Becken stürzt. Anschließend läuft man zum Aussichtspunkt **Sjonarsker** und sieht von dort den mit Schnee und Eis bedeckten Vatnajökull.

UNTERKUNFT
Der € **Campingplatz Skaftafell** am Besucherzentrum liegt ideal für Unternehmungen im Nationalpark, ist aber stark frequentiert (Tel. 842 43 50, ganzjährig geöffnet).

UMGEBUNG
Die Gletscherlagune **Jökulsárlón** TOPZIEL vor dem Breiðamerkurjökull, auf der immer Eisberge treiben, ist eine der meistbesuchten Sehenswürdigkeiten Islands. Vom Parkplatz sind es nur wenige Schritte bis zum Ufer der Lagune. Amphibienboote aus Beständen der US-Armee starten in kurzen Abständen zu Fahrten auf der Gletscherlagune (April–Okt. tgl. 9.00–18.00 Uhr). Das oft überfüllte Café (ganzjährig 9.00–19.00 Uhr) serviert kleine Mahlzeiten, von der Terrasse hat man einen sehr schönen Blick auf die Eisberge. Wegen des großen Andrangs unbedingt sehr rechtzeitig reservieren!

INFORMATION
Skaftafell Visitor Centre, Tel. 470 83 00
www.vatnajokulsthjodgardur.is
gut sortierter Buch- und Souvenirladen, Ausstellung zum Gletscher, Verkauf von Wanderkarten, Buchung von Führungen

❸ Kirkjubæjarklaustur

Nur rund 200 Menschen leben in „Klaustur", wie der Ort umgangssprachlich genannt wird. Und doch ist dies zwischen dem 70 km west-

Ganz im Grün *Tipp*

Rund 15 km lang ist der Abstecher von der Ringstraße auf der Straße 214 zum € / € € **Campingplatz Þakgil**. Die unbefestigte Straße führt durch eine märchenhafte, oft von leuchtendem Grün bedeckte Vulkanlandschaft. Der einsamste Campingplatz Islands mit einigen Hütten im Talboden ist umgeben von bizarren Bergen, die man zu Fuß erkunden kann.

INFORMATION
Tel. 893 48 89, www.thakgil.is

Die Region ist reich an spektakulären Wasserfällen, hier der Skogafoss.

INFOS & EMPFEHLUNGEN

lich gelegenen Vík í Myrdal und dem 200 km östlichen Höfn die größte Ansiedlung. Der kleine Ort inmitten spektakulärer Landschaft blickt auf eine lange Geschichte zurück. Vor den Wikingern lebten hier wohl schon irische Einsiedler, bis zur Reformation gab es im Ort ein Benediktinerinnenkloster, um das sich einige Legenden ranken.

SEHENSWERT
Etwas außerhalb befindet sich der sogenannte Kirchenboden, **Kirkjugólf**. Es sind die von Wind und Wetter polierten Enden von Basaltsäulen, die wie ein gepflasterter Boden wirken.

ERLEBEN
Am Ende des Ortes liegt der **Systrafoss**, der „Wasserfall der Nonnen". Ein kurzer, steiler Weg führt bis zur Abbruchkante des Hochplateaus mit schöner Aussicht auf „Klaustur" und die grünen Pseudokrater südlich der Ringstraße. Nächstes Ziel ist der **Systravatn**, der „Badesee der Nonnen". Dann steigt man wieder ins Tal hinab und gelangt zum **Kirchenboden**. Von hier ist es nicht mehr weit bis zu einem weiteren Wasserfall, dem **Stjórnarfoss**.

> **Tipp**
>
> ## Þórsmörk
>
> Das Þórsmörk-Tal wird als „Grüne Oase" oder „Paradies zwischen den Gletschern" gelobt. Durchaus zu Recht, denn das Tal des Donnergottes Thor ist – vor allem für Wanderer – eines der lohnendsten Ziele Islands. Die Piste nach Þórsmörk ist rau und wegen der nicht ungefährlichen Flussüberquerungen nur mit geländegängigen Fahrzeugen zu bewältigen. Doch da es in der Hochsaison bis zu zwei Mal täglich eine Busverbindung mit Reykjavík gibt, kommen auch Reisende ohne Jeep in den Genuss dieser grünen Oase. Das Þórsmörk-Tal wird auf drei Seiten von Gletschern begrenzt, dem Tindfjallajökull
>
>
>
> und Eyjafjallajökull (Foto), am oberen Talabschluss ragt der mächtige Mýrdalsjökull imposant auf. Begünstigt durch die geschützte Lage entwickelte sich im Talgrund eine dichte Vegetation aus Moosen, Farnen und Birkenwald.

Bei Kirkjubæjarklaustur durchschneidet die Fjadrargljufur-Schlucht den Fels.

RESTAURANT
Beliebtester Treffpunkt in „Klaustur" ist das € / € € **Systrakaffi** (Klausturvegur 12, Tel. 487 48 48, www.systrakaffi.is, tgl. 12.00–21.00 Uhr) mit seiner recht gemütlichen Atmosphäre und einer umfangreichen Speisekarte von Burgern über Pizza bis zu gegrilltem isländischem Lamm.

UMGEBUNG
Östlich gibt es nahe der Ringstraße noch einen schönen Wasserfall, den **Foss á Síðu**. Ein Stück weiter in Richtung Núpsstaður führt die Straße über den mit einem dicken Moosteppich bewachsenen Lavastrom **Brunahraun**, der 1783 beim Laki-Ausbruch entstand. Beim Hof **Núpsstaður** steht eine der kleinsten Grassodenkirchen Islands aus dem 17. Jh. mit nur Platz für 30 Gläubige, die im Inneren allerdings kaum aufrecht stehen können.
5 km südlich von Klaustur zweigt die Hochlandpiste F 206 von der Ringstraße ab und führt über eine Strecke von 42 km zur Kraterreihe **Lakagígar**. Unterwegs kommt man an der Schlucht **Fjaðrárgljúfur** und dem **Fagrifoss** vorbei. Wer nicht mit einem Allradfahrzeug unterwegs ist, der kann den Ausflug von Juni bis August tgl. mit einem der hochbeinigen Busse von „Klaustur" aus unternehmen (Reykjavík Excursions, Tel. 580 54 00, www.re.is).

Vík í Mýrdal

Das südlichste Dorf Islands hat 450 Einwohner und ist die einzige Ansiedlung an der Küste ohne Hafen. Fischfang spielt deshalb keine Rolle, der kleine Ort dient in erster Linie als Handels- und Dienstleistungszentrum für den Landkreis Mýrdal.

SEHENSWERT
Die Klippen des **Reynisfjall** und die bizarr erodierten Vulkanhügel sind spektakulär. Auch der 700 km² große **Mýrdalsjökull** mit seinen Gletscherzungen und den Sandern ist nicht weit. Auf einem Hügel im Ort erhebt sich fotogen die Kirche von 1934. Im ersten Handelshaus des Ortes ist das Museum **Bryðebúð** (Vikurbraut 28, Juni–Aug. tgl. 11.00–20.00 Uhr) beheimatet, das sich vor allem der Dokumentation der zahlreichen Schiffsunglücke vor der Küste widmet. Vom langen, feinsandigen, schwarzen Strand im Ort sind die vorgelagerten Felsklippen **Reynisdrangar** zu sehen, der Legende nach handelt es sich dabei um versteinerte Trolle.

UNTERKUNFT
Das stylishe € € € **Hotel Kría** (Slétturvegur 12-14, Tel. 416 21 00, www.hotelkria.is) mit seiner geschwungenen Fassade bietet sehr komfortabel eingerichtete Zimmer mit schönem Ausblick. Den genießt man auch durch die hohen Panoramafenster des Restaurants.

RESTAURANT
Das gemütliche Restaurant € **Halldórskaffi** (Víkurbraut 28, Tel. 487 12 02, Juni–Sept. tgl. 12.00–22.00 Uhr, sonst kürzer) befindet sich im Museum Bryðebúð. Auf der Speisekarte findet man Kleinigkeiten wie Pizza, Tagessuppe, Hamburger, Kaffee und Kuchen.

EINKAUFEN
An der Hauptstraße liegt der **Factory Shop**, ein großer Souvenirladen, an dem alle Busse eine Pause einlegen.

UMGEBUNG
Beim westlich gelegenen **Garðar** gibt es einen schönen schwarzen Strand mit Blick auf Kap Dyrhólaey, Reynisfjall und Reynisdrangar. Jenseits der Lagune Dyrhólaós kommt man zum südlichsten Punkt Islands, dem **Kap Dyrhólaey**. An dessen Spitze gibt es einen Torbogen, der groß genug ist, dass kleine Boote hindurchfahren können.
Im ca. 40 km westlich gelegenen **Skógar** stürzt der rund 60 m hohe, wasserreiche **Skogafoss** in die Tiefe. Nicht weit entfernt lohnt das umfangreiche Heimatmuseum **Skógasafn** (Tel. 487 88 45, www.skogasafn.is, Juni–Aug. tgl. 9.00–18.00, sonst 10.00–16.00/17.00 Uhr) einen Besuch.

INFORMATION
Vík District Information Office
Víkurbraut 28 (im Museum Bryðebúð)
Tel. 487 13 95, www.south.is

DER VATNAJÖKULL UND DIE SÜDKÜSTE

5 Westmännerinseln

Rund 8 km vor der Südküste liegen – verteilt auf 1000 km² – die Westmännerinseln (Vestmannaeyjar), eine Ansammlung von Schären, Felszacken und 15 Insel(che)n. Nur die Hauptinsel Heimaey (4300 Einw.) ist bewohnt. Geologisch ist die Inselgruppe noch jung und verdankt ihre Entstehung Vulkanausbrüchen vor 5000 bis 10 000 Jahren.

ANREISE
Eagle Air (www.eagleair.is) fliegt im Sommer mehrmals tgl. von Reykjavík nach Heimaey. Die Fähre **„Herjólfur"** (https://visitwestmanislands.com) fährt bis zu 6x tgl. vom Hafen bei Landeyahöfn nach Heimaey, Fahrzeit ca. 30 Min.

SEHENSWERT
Vom Ort aus führen mehrere Wanderwege in das Lavagebiet. Hier liegt auch das **Pompeji des Nordens** – ein Ausgrabungsprojekt, bei dem mittlerweile eines der Häuser, das beim Vulkanausbruch von 1973 verschüttet worden ist, wieder freigelegt wurde. Das Besucherzentrum Eldheimar erläutert das Projekt (Suðurvegur / Gerðisbraut 10, Tel. 488 27 00, http://eldheimar.is, tgl. 11.00–17.00 Uhr). In der Nähe des Hafens findet man die Reste der ehemaligen dänischen Festung **Skansinn**. Bemerkenswerter ist jedoch die **Stabkirche** (im Sommer tgl. 11.00–17.00 Uhr), ein Geschenk der Norweger zum 1000-jährigen Jahrestag der offiziellen Einführung des Christentums.

ERLEBEN
Bootstouren (auch Walbeobachtung) und Busrundfahrten organisiert **Viking Tours** (Strandvegur/Heiðarvegur, Tel. 488 48 84, www.vikingtours.is). Einer der spektakulärsten **Golfplätze** Islands befindet sich im Herjólfsdal direkt an der Steilküste (Tel. 481 23 63).

UNTERKUNFT
€ € € **Hótel Eyjar** (Bárustígur 2, Tel. 481 36 36, www.hoteleyjar.is) vermietet im Zentrum moderne und angenehm helle Apartments.

RESTAURANT
Im € € / € € € **Slippurinn Eatery** (Strandvegur 74, Tel. 481 15 15, www.slippurinn.com; Juni bis Aug. Mi.–So. 12.00–14.30 und tgl. 17.00–22.00 Uhr, Mai, Sept. kürzer) speist man in der Maschinerhalle einer ehemaligen Werft in einem Ambiente, das sich zwischen Industriedenkmal und Gemütlichkeit bewegt. Auf der Karte stehen sowohl Fisch- als auch Fleischgerichte, alle hervorragend zubereitet nach alten Rezepten, die teilweise neu interpretiert werden.

INFORMATION
Die Touristeninformation wechselt häufig den Standort. Sie kann am Hafen, im Regionalmuseum oder Buchladen zu finden sein. Generell gibt es kaum Infomaterial oder Auskünfte, es empfiehlt sich vor jeder Anreise ein aktueller Blick im Internet auf www.visitwestmanislands.com

---

Genießen Erleben Erfahren

Tour im Eis

DuMont Aktiv

Vom südlichen Rand des Vatnajökull und Mýrdalsjökull fließen einige Dutzend Gletscherzungen zu Tal. Einige bilden spektakuläre Lagunen wie die Jökulsárlón, andere sind relativ flach und schieben gewaltige Moränen vor sich her. Letztere – Sólheimarjökull etwa oder Falljökull – eignen sich besonders für Anfängertouren.

Der Sólheimarjökull ist ein Ausläufer des Mýrdalsjökull. Da man ihn über eine rund 6 km lange Schotterpiste bequem erreicht, ist er ein beliebtes Ziel für Gletschertouren. Rund 8 km lang, relativ flach und 1 bis 2 km breit ist die Gletscherzunge des imposanten Mýrdalsjökull. Nach einem kurzen Spaziergang erreicht man den Gletscherrand. Aus der Nähe wirkt das Eis noch schmutziger, denn es ist durchsetzt mit Vulkanstaub vom letzen Ausbruch. Auch der Gletscherfluss zeugt von vulkanischer Aktivität unter dem Eispanzer, denn das Wasser verströmt einen intensiven Schwefelgeruch.

Nachdem die Gruppe die Steigeisen angeschnallt hat, geht es mit Helm und Klettergurt auf die Gletscherzunge. Im Gänsemarsch läuft man über das zerklüftete, schwarzweiß geäderte Eis des Gletschers, dessen Zunge sich jeden Tag einige Zentimeter weiter ins Tal schiebt. Diese ständige Bewegung sorgt dafür, dass das Eis an seiner Oberfläche aufreißt, sich so ständig neue Spalten bilden, in denen das Schmelzwasser versickert. Zuletzt gibt es an einer senkrechten Wand noch einen Grundkurs im Eisklettern.

Was, wann, wo?

Von **Mai bis September** bieten mehrere Veranstalter kurze und längere Touren **von Reykjavík und Skaftafell** an. Das Büro in Skaftafell befindet sich direkt neben dem Nationalparkzentrum.

In der Regel muss man nicht im Voraus buchen – die ersten Touren beginnen um 9.00 Uhr, Preis ab ISK 10 900
Reykjavík, Stórhöfði 33
Tel. 587 99 99, www.mountainguide.is

Tiefe Spalten durchziehen den Gletscher. Am besten gibt man sich mit Helm und Klettergurt im Rahmen einer geführten Tour aufs Eis.

Allgegenwärtig: Küstenseeschwalben (oben); Fähre zu den Westmännerinseln (o.r.); Siglufjörður, die nördlichste Stadt Islands (u.)

Service

Keine Reise ohne Planung. Auf den folgenden Seiten haben wir für Sie Wissenswertes und wichtige Informationen für Ihren Island-Urlaub zusammengefasst.

An- und Weiterreise

Mit dem Flugzeug: Von Deutschland gibt es ganzjährig Nonstop-Flüge zum internationalen Flughafen in Keflavík, die Flugzeit beträgt rund dreieinhalb Stunden. Einige Fluglinien bedienen Island nur im Sommer. Fluggesellschaften, die Island anfliegen, sind: Lufthansa (www.lufthansa.com), Eurowings (www.eurowings.com) und Icelandair (www.icelandair.de). Zwischen dem internationalen Flughafen Keflavík und Reykjavík verkehrt ein Flughafenbus (Flybus), der ca. 45 Min. benötigt. Er fährt den Busbahnhof, große Hotels und den innerstädtischen Flughafen Reykjavík an, von dem alle Inlandsflüge abgehen.

Mit dem Schiff: Ganzjährig verkehrt die „Norröna" (www.smyrilline.de) wöchentlich zwischen dem dänischen Hirtshals und Seyðisfjörður in Ostisland mit einem Halt auf den Färöer-Inseln. In der Hauptsaison beträgt die Fahrzeit wegen des nur kurzen Stopps auf den Färöer-Inseln 48 Std. (Di. früh Abfahrt in Hirtshals, Do. früh Ankunft in Seyðisfjörður), in der Nebensaison hat man einen längeren Aufenthalt auf den Färöer-Inseln. Da die „Norröna" die einzige Möglichkeit bietet, mit dem eigenen Wagen nach Island zu kommen, sollte man sehr rechtzeitig buchen.

Auf der Insel: Mietwagen können über Reisebüros, Fluggesellschaften, an Flughäfen und zahlreichen anderen Orten gebucht werden. Die Preise liegen deutlich über denen in Deutschland. Die Buchung zu Hause ist über das Internet die günstigste Alternative. Der Fahrer muss mindestens 20 Jahre alt sein – bei Geländewagen 23 Jahre – und seit einem Jahr den Führerschein haben. Normale Pkw dürfen nicht auf Hochlandpisten gefahren werden.

Busverkehr: Fast jeder Ort Islands ist zumindest im Sommer mit dem Bus zu erreichen. Tickets sind beim Busfahrer oder am Busbahnhof erhältlich, Vorausbuchen ist nicht notwendig. Einzelstreckentickets sind relativ teuer, wer häufiger mit dem Bus unterwegs ist, fährt mit einem der Buspässe viel günstiger. Die größten Busunternehmen, die auch eine Vielzahl an Ausflügen anbieten, sind: Reykjavík Excursions (www.re.is) und Trex (https://trex.is).

Fährverkehr: Die Fähre „Baldur" bringt Passagiere und Autos von Stykkishólmur über Flatey nach Brjánslækur und verkürzt so die Fahrt in die Westfjorde erheblich (www.saeferdir.is). Auf die Westmännerinseln kommt man mit der Fähre „Herjólfur" (https://herjolfur.is) vom Hafen bei Bakki an der Südküste.

Flugverkehr: Das innerisländische Flugnetz ist dicht, angeflogen werden u.a.: Akureyri, Bíldudalur, Egilsstaðir, Gjögur, Grímsey, Heimaey, Höfn, Húsavík, Ísafjörður, Sauðárkrókur und Vopnafjörður. Drehkreuz ist der innerstädtische Flughafen von Reykjavík. Die größten Liniennetze unterhalten Air Iceland (www.airicelandconnect.com) und Eagle Air (www.ernir.is).

Auskunft

In Island ist die Informationsstelle What's on Tourist Info (Laugavegur 5, Tel. 55 1 36 00, www.whatson.is) eine gute Anlaufstelle. Weitere Stellen gibt es in der Laugavegur 54 und in der Bankastræti 2. In so gut wie jedem touristisch relevanten Ort gibt es ein Informationsbüro, die Verständigung auf Englisch klappt überall gut. In Deutschland unterhält Island kein Fremdenverkehrsamt. Über das Reiseland informiert die Webseite www.visiticeland.com.

Autofahren

Für Autofahrer ist die rund 1400 km lange, fast durchgehend asphaltierte Ringstraße die wichtigste Verkehrsader des Landes. Nebenstraßen sind oft nur mehr oder weniger gut befahrbare Schotterpisten. Auf der Ringstraße findet man genügend Tankstellen, ansonsten empfiehlt sich rechtzeitiges Tanken. An Selbstbedienungssäulen kann man außerhalb der Öffnungszeiten mit Banknoten oder Kreditkarten bezahlen. Die Höchstgeschwindigkeit in Orten beträgt 50 km/h (in Wohngebieten teilweise 30 oder 35 km/h), auf Schotterstraßen 80 km/h und auf Asphaltstraßen 90 km/h. Das Fahren abseits markierter Wege und Pisten ist verboten. Abblendlicht muss auch am Tage eingeschaltet werden. Anschnallpflicht gilt für alle Insassen. Die Strafen für Verkehrsverstöße sind spürbar höher als in Deutschland. Brücken sind oft einspurig, derjenige hat Vorfahrt, der der Brücke am nächsten ist. Außerdem gibt es relativ viele unübersichtliche Straßenkuppen, viele, aber nicht alle, werden mit dem Warnschild „blindhæð" angekündigt.

Frei laufende Schafe, von denen es ziemlich viele gibt, haben überhaupt kein Verständnis für Autoverkehr, aber immer Vorfahrt. Sehr beliebt bei den Tieren ist der ansatzlose Sprint über die Straße möglichst knapp vor dem herannahenden Auto.

SERVICE
116 – 117

Blick auf das Lavafeld Dimmuborgir („dunkle Burgen") im Mývatngebiet

Einreise

Da die meisten Island-Besucher mit dem Flugzeug anreisen, ist die Mitnahme des Reisepasses oder Personalausweises obligatorisch. Wer mit dem Auto anreist, sollte außerdem auf alle Fälle die Grüne Versicherungskarte mitnehmen.

Essen und Trinken

In den größeren Orten ist das Restaurantangebot erstaunlich vielfältig und bietet auch Erlesenes, in kleineren Orten bekommt man eher Hausmannskost. Die gewöhnungsbedürftigen Traditionsgerichte *svið* (abgesengter, erst gekochter, dann im Ofen gebräunter halber Schafskopf) oder *hákarl* (fermentierter Hai) sind selten geworden. Wer mittags essen geht, zahlt deutlich weniger als am Abend. Lamm und Fisch in unterschiedlichsten Variationen stehen immer auf der Speisekarte und sind in der Regel eine gute Wahl. Für den kleinen Hunger gibt es die Tagessuppe mit *refill*, Brot und Butter, verschiedene Hamburger und Pizza. Salat- und Pastabuffets werden mit Suppe vorweg und Kaffee hinterher zum Minimenü. Wer Wein oder auch nur Bier zum Essen trinken möchte, muss deutlich tiefer als bei uns in die Tasche greifen. Ein kalorienreicher, süßer Genuss sind die herrlichen Sahnetorten am Nachmittag.

Feiertage und Feste

Feiertage: 1. Januar (Neujahr), Gründonnerstag, Karfreitag, Ostersonntag, Ostermontag, 3. Donnerstag im April (Sommeranfang), 1. Mai (Tag der Arbeit), Himmelfahrt, Pfingstsonntag, Pfingstmontag, 17. Juni (Nationalfeiertag), 1. Montag im August (Handelsfeiertag), 24. Dezember (Heiligabend), 25. Dezember (1. Weihnachtstag), 26. Dezember (2. Weihnachtstag), 31. Dezember ab Mittag (Silvester).
Feste: Das Ende der Weihnachtszeit, die für die Isländer 13 Tage dauert, wird am 6. Januar mit Feuerwerk und Lagerfeuern gefeiert. Das Mittwinterfest (*Þorrablót*) hat kein festes Datum. Es geht auf den Monat Þorri zurück, der nach alter Zeitrechnung zwischen dem 19. und 25. Januar begann und die Mitte des Winters anzeigte. Am dritten Donnerstag im April wird der erste Sommertag mit Umzügen und Musik gefeiert. Am Geburtstag des Freiheitskämpfers Jón Sigurðsson am 17. Juni wird der Unabhängigkeitstag mit Umzügen, Musik und Tanz begangen. Auch an Mittsommer geht es rund ums Feuer fröhlich zu. Nach dem ersten Wochenende im August ist der Montag frei. Mit dem Schafabtrieb und der Rückkehr der Pferde aus dem Hochland im September geht der Sommer zu Ende, was ein willkommener Anlass für Feiern unter freiem Himmel ist.

Geld

Währungseinheit ist die isländische „króna" (ISK). Münzen sind im Wert von 1, 5, 10, 50 und 100, Banknoten im Wert von 500, 1000, 2000, 5000 und 10 000 Kronen im Umlauf.

Geschichte

874–930: Island wird von der Westküste Norwegens und den Wikingersiedlungen in Schottland und Irland aus besiedelt.
930: Erste Zusammenkunft des „Althing", in Þingvellir. Gründung des isländischen Freistaats.
1000: Der Isländer Leifur Eiríksson erreicht als erster Europäer Amerika. Annahme des Christentums in Þingvellir.
13. Jh.: Goldenes Zeitalter der Isländer-Sagas. Der Politiker und Historiker Snorri Sturluson schreibt die „Heimskringla", die Geschichte der norwegischen Könige.
1220–1262: Bürgerkrieg. Am Ende wird der „Alte Bund" geschlossen und norwegische Könige als Monarchen anerkannt.
1380: Island und Norwegen fallen an die dänische Krone.
16. Jh.: Blutige Auseinandersetzungen im Zuge der Reformation. 1550 wird der letzte katholische Bischof in Skálholt hingerichtet, der lutherische Glaube Staatsreligion.
17.–18. Jh.: Die Bevölkerung leidet unter Vulkanausbrüchen, Epidemien, Piraten und dem dänischen Handelsmonopol. Absolutismus wird eingeführt, das Althing abgeschafft.
19. Jh.: Unter Jón Sigurðsson kämpft Island für die Unabhängigkeit von Dänemark. 1843 wird das Althing erneut einberufen – nun in Reykjavík. 1874 feiert man das 1000-jährige Jubiläum der Besiedlung Islands in Þingvellir. Eine Verfassung wird angenommen, Island erhält begrenzte Selbstbestimmung.
1918: Die Insel wird zum souveränen Staat, der König von Island in Personalunion auch König von Dänemark.
1944: Gründung der Republik Island am 17. Juni, dem Geburtstag des Freiheitskämpfers Jón Sigurðsson, in Þingvellir.
1946–1952: Island wird Mitglied der Vereinten Nationen und ist Gründungsmitglied der NATO und des Nordischen Rates.
1955: Halldór Laxness erhält den Nobelpreis für Literatur.
1963: Durch einen Vulkanausbruch südlich von Island entsteht eine neue Insel, Surtsey.
1973: Vulkanausbruch auf der Westmänner-Insel Heimaey.
1975: Nach mehreren „Kabeljaukriegen" mit Großbritannien wird die Fischereizone auf 200 Meilen ausgedehnt.
1980: Wahl von Vigdís Finnbogadóttir zur Präsidentin. Sie ist die erste zum Staatsoberhaupt gewählte Frau der Welt.
2008: Die Wirtschaftskrise trifft Island hart, das Land steht vor dem Bankrott.
2010: Der Vulkan unter dem Eyjafjallajökull bricht aus, seine Aschewolken legen den Flugverkehr in weiten Teilen Europas lahm.
2015: Die isländische Universalkünstlerin Björk ist die erste Popmusikerin, die mit einer Retrospektive im New Yorker Museum of Modern Art geehrt wird.
2016: Großer Achtungs- und Sympathieerfolg der isländischen Nationalmannschaft bei der Fußball-EM.
2017: Nach den Enthüllungen der „Panama Papers" über seine Briefkastenfirma und heftigen Protesten der Bevölkerung tritt Regierungschef Gunnlaugsson zurück. Bei der Parlamentswahl wird die Links-Grüne Bewegung zweitstärkste Kraft, ihre Chefin Katrín Jakobsdóttir wird Premierministerin.
2019: Die beiden isländischen Walfang-Unternehmen setzen zum ersten Mal seit vielen Jahren den kommerziellen Walfang aus – „aus wirtschaftlichen Gründen". Ein Ende des Walfangs bedeutet das nicht.

Schale aus Roten Rüben, Frauendesignladen Kirsuberjatred in Reykjavík (oben). Produkte der Farm Fridheimar in Selfoss.

Viele Läden in Reykjavík und anderswo setzen auf sehr individuelle Mode, teils handgefertigt.

Info

Daten und Fakten

Geografie und Natur: Island liegt zwischen dem 63. und 66. Grad nördlicher Breite und dem 13. und 24. Grad westlicher Länge. Grönland ist knapp 300 km, Norwegen knapp 1000 km entfernt. Die Fläche beträgt 103 000 km², die Gesamtfläche innerhalb der Ausschließlichen Wirtschaftszone (200 Seemeilen) 758 000 km². Rund 11 Prozent der Fläche sind von Gletschern bedeckt, allein der Vatnajökull bringt es auf 8100 km². Nur rund 24 000 km² bedeckt Vegetation. Der höchste Berg ist der Hvannadalshnúkur (2119 m), der größte See der Þingvallavatn (82 km²).

Bevölkerung und Verwaltung: Heute leben auf der Insel mehr als 360 000 Menschen, davon rund ein Drittel in der Hauptstadt Reykjavík und knapp zwei Drittel im Großraum der Hauptstadt. Damit ist Island das am dünnsten besiedelte Land in Europa (3 Einw./km²). Fast vier Fünftel des Landes sind unbewohnt, die Bevölkerung lebt auf den schmalen Küstenstreifen, in Tälern und den Flachlandebenen im Süden und Südwesten. Seit dem 1. Dezember 1918 ist Island unabhängig, seit dem 17. Juni 1944 eine parlamentarisch-demokratische Republik. Das Althing, das älteste noch aktive Parlament der Welt, wurde im Jahr 930 gegründet. Die meisten Isländer gehören der evangelisch-lutherischen Staatskirche an.

Wirtschaft und Tourismus: Vor dem Zweiten Weltkrieg gehörte Island zu den ärmsten Ländern Europas. Heute ist der Lebensstandard ähnlich hoch wie in den anderen nordischen Ländern. Die Liberalisierung der Wirtschaft, der Ausbau der Energiewirtschaft und die Privatisierung des Finanzsektors in den 1990er-Jahren haben Island über Jahre ein hohes Wirtschaftswachstum beschert, bis es 2008 als erstes Land von der Finanzkrise getroffen wurde. Zur Bewältigung der Krise hat die Regierung ein striktes Spar- und Konsolidierungsprogramm aufgelegt.
Die gesamte Stromerzeugung und mehr als 80 Prozent des Energieverbrauchs stammen aus erneuerbaren Energiequellen, dabei sind die Möglichkeiten der geothermalen Energiegewinnung bei weitem noch nicht ausgeschöpft.
Der Tourismus boomt seit einigen Jahren mit hohen zweistelligen Zuwachsraten, mittlerweile kommen viel mehr Besucher auf die Insel, als diese Einwohner hat. Damit trägt der Tourismus neben der Fischerei und der Aluminiumverhüttung zu einem erheblichen Anteil an den Staatseinnahmen bei. Dies hat allerdings dazu geführt, dass die klassischen Touristenziele, wie der Golden Circle, oft überlaufen sind und die empfindliche Natur leidet.

Wechselkurs: 1 Euro = 137 ISK (Febr. 2020).
Geldautomaten für Bankkarten sind weit verbreitet, Zahlen mit Kreditkarte obligatorisch.

Gesundheit

Gesundheitszentren oder Krankenhäuser gibt es an allen größeren Orten. Medikamente sind nur in Apotheken (apótek) erhältlich, die es in jedem Ort gibt. Gesetzlich Versicherte werden mit der europäischen Krankenversicherungskarte (EHIC) im medizinischen Notfall ambulant oder stationär in allen EU-Staaten sowie in Island behandelt. Der Abschluss einer privaten Reisekrankenversicherung, die auch den Rücktransport übernimmt, ist in jedem Fall ratsam. Das Trinkwasser ist überall gut, auch das Wasser aus Bächen und Flüssen ist in der Regel trinkbar. In Thermalgebieten kann es unangenehm riechen und nach Schwefel schmecken.

Internet

www.inspiredbyiceland.com Offizielle Seite, die auch auf Deutsch über das Land informiert.
www.iceland.de Viel Interessantes über Island, von Reiseangeboten bis zu Kochrezepten
www.government.is/other-languages/botschaft-von-island-in-berlin/ Hintergrundinfos, auch über Studium und Arbeit
www.whatson.is Veranstaltungen, Restaurants und Hotels in Reykjavík in Englisch
www.road.is Straßenzustandsbericht mit englischer Zusammenfassung
www.icelandreview.com Onlineversion des Magazins Iceland Review
www.bokmenntaborgin.is Zusammenstellung isländischer Autoren mit Biografien und den wichtigsten Werken in Englisch

Kinder

Die Isländer sind familienfreundlich, deshalb gibt es keine Probleme mit Familienzimmern oder Kindergerichten im Restaurant. Wer die täglichen Fahrstrecken klein hält oder sogar länger an einem Ort bleibt, sorgt für einen harmonischen Familienurlaub. Kindgerechte Aktivitäten und Besuchsziele gibt es viele: In jedem Ort herrlich warme Schwimmbäder, Bauernhöfe mit Tieren und Gästezimmern, blubbernde Schlammtöpfe und fauchende Solfataren, Wasserfälle, Ausritte mit Islandpferden, Vogelfelsen und unzählige Strände.

Literaturempfehlungen

Mit seinen oft sozialkritischen Romanen („Atomstation", „Die Islandglocke", „Am Gletscher") hat der Nobelpreisträger **Halldór Laxness** wie kein anderer Autor die isländische Gegenwartsliteratur geprägt. Mittlerweile auch verfilmt wurde der Roman „101 Reykjavík" von **Hallgrímur Helgason** (101 ist die Postleitzahl

Die Sprache

Info

Amtssprache ist Isländisch, eine germanisch-nordische Sprache. Während sich die anderen nordeuropäischen Sprachen im Laufe der Jahrhunderte weiterentwickelt haben, ist das Isländische durch die isolierte Insellage fast unverändert geblieben. Damit das auch in Zukunft so bleibt, werden moderne Begriffe, die es im altisländischen Wortschatz nicht gab, durch Umschreibungen gebildet. So setzt sich das Wort für Computer (tölva) aus „tala" (Zahl) und „völva" (Wahrsagerin) zusammen.

Die Aussprache des Isländischen ist relativ schwierig, doch viele Isländer sprechen gut Englisch – Verständigungsprobleme gibt es deshalb kaum.

a	wie a, vor ng oder nk aber wie au, vor gi wie ai
á	wie au
e	wie offenes e oder ä
é	wie jäh
ý, í	wie hohes i
ó	wie ou
u	wie ü, vor ng und nk wie u
au	wie öü
æ	wie ei
ei	wie ey
ð	wie stimmhaftes engl. th (wie in engl. the)
f	am Anfang und vor k, s und t wie f, sonst wie w
r	gerollt
v	wie w
þ	wie stimmloses engl. th (wie in engl. both)

für das Zentrum der isländischen Hauptstadt). Isländische Krimis sind über die Landesgrenzen bekannt. Den Anfang machte **Arnaldur Indriðason** mit seinem Buch „Söhne des Staubs", neuere Werke von ihm sind „Tage der Schuld" und „Graue Nächte". **Yrsa Sigurðardóttir** hat sich eine Fangemeinde geschaffen, ihre neuesten Bücher sind „Sog" und „R.I.P".

Notruf

Die landesweite Notrufnummer für Feuerwehr, Krankenwagen und Polizei ist 112.

Öffnungszeiten

Läden: in der Regel Mo.–Fr. 9.00–18.00, Sa. 10.00–14.00 oder 16.00; große Supermärkte bis 22.00/23.00 Uhr und sonntags
Banken: Mo.–Fr. 9.15–16.00 Uhr

Post

Postämter: Mo.–Fr. 8.30–16.30 Uhr
Luftpostbriefe bis 50 g und Postkarten kosten in alle europäischen Länder ISK 250 (www.postur.is).

Reisezeit

Die besten Reisemonate sind Juni, Juli und August, wobei der Juni für Hochlanddurchquerungen noch problematisch sein kann. In dieser Zeit sind alle touristischen Einrichtungen geöffnet, und wegen der langen Tage im Sommer steht Freiluftaktivitäten praktisch rund um die Uhr nichts im Wege. Außerhalb dieser Hauptreisemonate kommen nur relativ wenige Touristen nach Island, einzige Ausnahme bildet Reykjavík. Der Schafabtrieb im Sept. ist das letzte Ereignis, bevor das Land in den Winterschlaf fällt.

Restaurants

Preiskategorien

€ € €	über ISK 4000	über 29	€
€ €	ISK 2700–4000	20–29	€
€	bis ISK 2700	bis 20	€

Empfehlungen sind auf den Infoseiten der jeweiligen Kapitel aufgeführt. Die oben genannten Preiskategorien beziehen sich auf ein Hauptgericht.

Sicherheit

Island ist eines der sichersten Reiseziele weltweit. Im Vergleich zu Mitteleuropa ist die Kriminalität, vor allem auf dem Land, verschwindend gering. Auch wenn viele Isländer ihre Autos und Häuser nicht abschließen, sollten Touristen mit vollgepackten Autos und Wohnmobilen ein Mindestmaß an Vorsicht walten lassen.

Souvenirs

Das beliebteste Souvenir ist der Islandpullover aus Schafwolle mit dem typischen Muster. Allerdings werden die meisten aus ziemlich kratziger Wolle gestrickt, was nicht jeder verträgt. Shoppingliebhaber kommen vor allem in Reykjavík auf ihre Kosten (s. S. 22/23).
Sparen kann man in Läden mit dem Tax-Free-Schild, denn hier bekommt man für bestimmte Waren bis zu 15 Prozent der Mehrwertsteuer erstattet, Voraussetzung ist, dass sich der Einkaufswert auf mindestens ISK 6000 beläuft. Dann lässt man sich an der Kasse den Tax Refund Cheque ausstellen und löst diesen dann bei der Ausreise ein. Geschäfte mit Rückerstattung und weitere Details findet man im „Shopping Guide Iceland" sowie unter www.globalblue.com.

Sport

Island ist ideal für jede Art von Aktivurlaub. Diverse Veranstalter haben sich auf Sportreisen spezialisiert. **Angler** finden Gewässer mit reichlich Lachs, Forelle und Saibling.

Einsame Landschaften wie am Anfang aller Tage. Island beschert seinen Gästen unvergessliche Eindrücke.

SERVICE

Golf ist nach Fußball die populärste Sportart, auch Touristen können gegen eine Greenfee-Gebühr auf allen Plätzen spielen.
Reiten erfreut sich bei Einheimischen wie Besuchern großer Beliebtheit. Besonders typisch ist der Ritt auf dem legendären und robusten Islandpony.
Radfahren: Mit jeder Fähre kommen in Seyðisfjörður auch einige gut ausgerüstete Radfahrer an, die sich der Herausforderung von Regen, Wind und Schotterstraßen stellen.
Wassersport: Ebenfalls gut ausgerüstet und erfahren muss man sein, wenn man mit dem Seekajak entlang der Küste fährt. Wer lieber an geführten Kajaktouren teilnehmen möchte, hat dazu in Stykkishólmur und Ísafjörður die Möglichkeit.
Ein Vergnügen, das man nirgendwo sonst in Europa genießen kann, sind die wohltemperierten Schwimmbäder und Hot Pots, die es in jedem Ort gibt (siehe dazu auch „Unsere Favoriten" S. 62).
Wandern: Der isländische Wanderverein (Ferðafélag Íslands) unterhält n zahlreichen Stellen einfache Berghütten, von denen im Sommer einige von Hüttenwirten betreut werden, und veranstaltet kürzere und längere Wandertouren (www.fi.is).
Jogging: Laufenthusiasten können in der zweiten Augusthälfte am Reykjavík-Marathon teilnehmen (www.rmi.is/en).

Telefon

Die Landesvorwahl von Island lautet 00354, danach wählt man die siebenstellige Teilnehmernummer. Bei Gesprächen ins Ausland wählt man die Landesvorwahl (Deutschland: 0049, Österreich: 0043, Schweiz: 0041) und dann die Ortskennzahl ohne 0. Von Telefonzellen kann man mit Kreditkarten oder Telefonkarten, an Tankstellen oder bei der Post erhältlich, direkt ins Ausland telefonieren. Mobiltelefone sind verbreitet, in Orten und entlang der Ringstraße gibt es Empfang, im Hochland hat man kein Netz.

Unterkunft

Empfehlungen stehen auf den Infoseiten der Kapitel. Die u. g. Preiskategorien beziehen sich auf eine Übernachtung mit 2 Personen im Doppelzimmer.

Preiskategorien

€ € €	über ISK 24 000	über 174 €
€ €	ISK 12 000–24 000	87 – 174 €
€	bis ISK 12 000	bis 87 €

Info

Wetterdaten Reykjavík

	TAGES-TEMP. MAX.	TAGES-TEMP. MIN.	WASSER-TEMP.	TAGE MIT NIEDER-SCHLAG	SONNEN-STUNDEN PRO TAG
Januar	2°	-3°	4°	14	1
Februar	3°	-3°	4°	12	2
März	5°	-1°	4°	12	4
April	6°	1°	5°	12	5
Mai	10°	4°	7°	10	7
Juni	13°	7°	9°	10	5
Juli	15°	9°	11°	10	7
August	14°	8°	11°	12	6
September	12°	6°	10°	13	4
Oktober	8°	3°	7°	14	3
November	5°	0°	6°	14	2
Dezember	4°	-2°	5°	15	1

Register

Fette Ziffern verweisen auf Abbildungen

A
Akranes 38, **39**, 39, 47
Akureyri **70, 71**, 71, 81, 82, 93
Allmännerschlucht 39, 59
Arnarstapi **48/49, 50**, 51
Ásbyrgi, Schlucht 7, 95

B
Bakkagerði **88**, 90, 91
Bárðarbunga, Vulkan 101
Barnafoss 36
Bláhnúkur **12/13, 18/19**
Blaue Lagune 22, **34, 35**, 37, **46**
Bolungarvík **56**, 66
Borg **90**
Borgarnes 22, **54**, 65
Borgarfjörður eystri 91, **96, 97**, 97
Breiðafjörður 57
Breiðamerkurjökull 7, 101, 113
Breiðavík **55**, 55, 66, 67
Bustarfell 95

D
Dettifoss **93**, 93, **95**, 95
Dimmuborgir 77, 83, **117**
Djúpivogur 96, 97
Drangsnes 57
Dynjandi **54**, 67

E
Egilsstaðir 90, 95
Eldgjá, Schlucht 60
Eskifjörður **86**, 96
Eyjafjallajökull 59, 60, 101, 105, 107, **114**, 114

F
Fagrifoss, Wasserfall 114
Fáskrúðsfjörður 97
Fjaðrárgljúfur **102**
Flúðir 63

G
Garðar **101**, 114
Glaumbær **73**, 81
Golden Circle 37, 46, 47
Grænagil **12/13**
Grímsey 82
Grímsvötn, Vulkan **61**, 103
Grindavík 22, **34, 35, 46**
Grundarfjörður 51, 65
Gullfoss **7, 20/21**, 38, **39**, 47

H
Hafnarfjörður 33, 35, **36**, 46, 92
Hallmundarhraun 65
Hallormsstaðarskógur 89, **89**
Hallormsstaður 95
Heimaey **106, 107**, 115, **120**
Hellnar **50**, 53, 55, 65
Hengifoss **86/87**, 87, 95

Höfn 113
Hólmavík **53**, 63, 67
Holuhraun **16/17**
Hraunfossar **36**
Húnaflói, Bucht 57
Húsavík **5, 8/9, 72**, 79, 82
Hvannadalshnúkur, Vulkan 60, **79**, 79, **83**, 83, 101, 118
Hveragerði **40, 43, 46**, 47
Hveravellir **76, 77**, 81
Hvítá **39**, 39, 41

I/J
Ísafjörður **56**, 66, 120
Jökulsárgljúfur-Nationalpark 7, 95
Jökulsárlón **14/15**, 101, **105**, 113, 115, 119

K
Kárahnjúkar-Damm 89, 90, **95**, 95
Katla, Vulkan 104, 107
Keflavík 46, 82, 116
Kirkjubæjarklaustur 103, 113, **114**
Krafla 42, 74, 77, 83

L
Laki 103, 105
Landmannalaugar **92**, 92
Langjökull **92**, 92
Látrabjarg 5, **55**, 66, 67, **67**
Laugarvatn 63
Laugavegur 19, 33, 45
Leirhnjúkur 77, 83

M/N
Mjóifjörður 54
Mosfellsbær 22
Mýrdalsjökull **104**, 114, 115
Mývatn **4**, 60, 73, 74, 77, **81, 82**, 83, 93, **117**
Námafjall **74**, 75, 77

R
Reyðarfjörður 96
Reykholt 65
Reykjahlíð 77, 82, 83
Reykjanes, Halbinsel **41**, 42, 45, 46
Reykjavík 3, 4, **10/11**, 20, **22–35**, 22–34, 39, 40, 41, 43, **45**, 45, 46, 47, 57, 60, **62**, 62, 79, 103, **111**, 116, **118**, 119, 120

S
Sauðárkrókur 73, 81
Selfoss **118**
Seltjarnarnes **62**
Selfoss **118**
Seyðisfjörður 87, 96, **96**
Siglufjörður **68/69**, 71, **73, 81**, 81
Skaftafell-Nationalpark **7**, 105, 113
Skeiðarársandur 103
Skogafoss, Wasserfall **114**
Skógar **103**, 114
Skriðuklaustur 95

Snæfellsnes 4, 35, **48/49, 50, 51**, 53, **55**, 60, **65, 66**, 65, 66, **67**
Sólheimajökull **98/99**, 104
Stjórnarfoss, Wasserfall 114, **115**
Stöðvarfjörður **89**, 96
Strandirküste 67
Strokkur, Geysir 37, **39**, 46
Stykkishólmur **7, 39**, 39, **51**, 66, 120
Svartifoss, Wasserfall 113

T
Tálknafjörður 63

Thrihnukagigur **92**, 93
Þingvellir-Nationalpark 39, 46, **47**

V/W
Vatnajökull 10, 101, **102, 103**, 95, 98–115
Víðgelmir-Höhle 93
Vík í Mýrdal **100, 101**, 101, 114
Vitikrater 74, 77, 83
Westmännerinseln **60**, 106, 107, 115, **116, 120**

Impressum

5. Auflage 2020
© DuMont Reiseverlag, Ostfildern

Verlag: DuMont Reiseverlag, Postfach 3151, 73751 Ostfildern, Tel. 0711 45 02 0, Fax 0711 45 02 135, www.dumontreise.de
Geschäftsführer: Dr. Thomas Brinkmann, Dr. Stephanie Mair-Huydts
Programmleitung: Birgit Borowski
Redaktion: Achim Bourmer, Berlin
Text: Dr. Christian Nowak, Berlin
Exklusiv-Fotografie: Gerald Hänel, Hamburg
Titelbild: laif/Tuul & Bruno Morandi (Haus im Esatfjord)
Zusätzliches Bildmaterial: S. 4o.r. und 110 laif/Mulet, Eric /Vu/; S. 4u.r. LOOK-foto/Greune, Jan; S. 5, 67 getty/ van Hoof, Paul/Buiten-beeld; S. 8/9 huber-images/Busse, Jürgen; S. 10/11 LOOK-foto/Mirau, R.; S. 14/15 LOOK-foto/Eisele-Hein, N.; S. 16/17 getty/Ragnar Th. Sigurdsson; S. ; S. 22u Ljómalind; S. 22r Ljómalind; S. 23u laif/Haenel, G.; S. 23o.l. Omnom; S. 23o.r. mauritius images / Alamy; S. 34u LOOK-foto/Greune, Jan; S. 45 getty/baldurkristjansson/room, S. 56r.u. corbis/Henn Photography/cultura; S. 58 laif/Thorbjornsson, K./Polaris; S. 59M laif/Marmeisse, Jean/laif 4; S. 59o laif/Polaris; S. 59u getty/Arctic-Images; S. 60u laif/CRI NANCY LORRAINE/KRAFFT; S. 60o getty/Hicks, Nigel; S. 61 laif/Polaris; S. 62r laif/Haenel, G.; S. 62l mauritius images / Alamy; S. 62o Kirchgessner, M.; S. 63u mauritius images / Alamy; S. 63r Kirchgessner, M.; S. 63l Kirchgessner, M.; S. 65 laif/Fautre, Stanislas/Le Figaro Magazine; S. 78 laif/Troels Jacobsen/Arcticphoto; S. 81o Kirchgessner, M.; S. 81u Kirchgessner, M.; S. 84/85 LOOK-foto/age fotostock; S. 92r Nowak, Christian; S. 92l LOOK-foto/Köster, D.; S. 93u mauritius images / imageBROKER / David Weyand; S. 93o.l. mauritius images/age/ Ragnar Th. Sigurdsson; S. 93o.r. mauritius images/imageBROKER / Olaf Krüger; S. 95l laif/Cox, Dean C. K./Polaris; S. 96M laif/Steinhilber, Berthold; S. 96o.r. getty/Arctic-Images; S. 111u laif/Zoppellaro, Mattia; S. 114o Kirchgessner, M.; S. 116o.l. laif/Mikel Bilbao/VWPics/Redux/Redux; S. 118u Kirchgessner, M.; S. 118o Kirchgessner, M.
Grafische Konzeption, Art Direktion, Layout: fpm factor product münchen
Cover Gestaltung: Neue Gestaltung, Berlin
Kartografie: © MAIRDUMONT GmbH & Co. KG, Ostfildern; Kartografie Lawall (Karten für „Unsere Favoriten")
DuMont Bildarchiv: Marco-Polo-Straße 1, 73760 Ostfildern, Tel. 0711 45 02 266, Fax 0711 45 02 10 06, bildarchiv@mairdumont.com

Für die Richtigkeit der in diesem DuMont Bildatlas angegebenen Daten – Adressen, Öffnungszeiten, Telefonnummern usw. – kann der Verlag keine Garantie übernehmen. Nachdruck, auch auszugsweise, nur mit vorheriger Genehmigung des Verlages. Erscheinungsweise: monatlich.

Anzeigenvermarktung: MAIRDUMONT MEDIA, Tel. 0711 450 20, Fax 0711 450 21 012, media@mairdumont.com, http://media.mairdumont.com
Vertrieb Zeitschriftenhandel: PARTNER Medienservices, Postfach 810420, 70521 Stuttgart, Tel. 0711 72 52 212, Fax 0711 72 52 320
Vertrieb Abonnement: Leserservice DuMont Bildatlas, Zenit Presseverrtrieb GmbH, Postfach 810640, 70523 Stuttgart, Tel. 0711/7252-265, Fax 0711/7252-333, dumontreise@zenit-presse.de
Vertrieb Buchhandel und Einzelhefte: MAIRDUMONT GmbH & Co. KG, Marco-Polo-Straße 1, 73760 Ostfildern, Tel. 0711 45 02 010, Fax 0711 45 02 340
Reproduktionen: PPP Pre Print Partner GmbH & Co. KG, Köln
Druck und buchbinderische Verarbeitung: NEEF + STUMME GmbH, Wittingen
Printed in Germany

Reisen, die prägen.

Island individuell entdecken

- übernachten in Häusern mit Charme und Geschichte
- reisen nach individuell erstelltem Plan
- beraten durch reiseerfahrene Mitarbeiter.

Umfulana SEIT 1998

www.umfulana.de | info@umfulana.de

Dresden Sächsische Schweiz

Kaleidoskop der Künste
Es sind vor allem die Museen mit ihren Kunstschätzen, die begeistern, wir stellen die interessantesten vor.

Dolce Vita an der Elbe
Zum Einkaufen, Speisen und sich Amüsieren geht's in die Neustadt.

Wein mit Tradition
Mittlerweile kommen edle fruchtige Tropfen aus Sachsen.

Korsika

Strand und Berge
Wir präsentieren Ihnen die Traumstrände der Insel ebenso wie die schönsten Wanderwege.

Asterix auf Korsika …
… persifliert das Leben der Bewohner – oder sind alles nur Klischees?

Echt korsisch
Wo Sie ausgefallene Produkte und originelle Geschäfte finden, wir verraten es.

www.dumontreise.de

Lieferbare Ausgaben

Deutschland
207 Allgäu
216 Altmühltal
220 Bayerischer Wald
180 Berlin
162 Bodensee
217 Brandenburg
175 Chiemgau, Berchtesgadener Land
013 Dresden, Sächsische Schweiz
152 Eifel, Aachen
157 Elbe und Weser, Bremen
168 Franken
020 Frankfurt, Rhein-Main
112 Freiburg, Basel, Colmar
028 Hamburg
026 Hannover zwischen Harz und Heide
042 Harz
023 Leipzig, Halle, Magdeburg
210 Lüneburger Heide, Wendland
188 Mecklenburgische Seen
038 Mecklenburg-Vorpommern
033 Mosel
190 München
047 Münsterland
015 Nordseeküste Schleswig-Holstein
006 Oberbayern
161 Odenwald, Heidelberg
035 Osnabrücker Land, Emsland
002 Ostfriesland, Oldenburger Land
164 Ostseeküste Mecklenburg-Vorpommern
154 Ostseeküste Schleswig-Holstein
201 Pfalz
040 Rhein zw. Köln und Mainz
185 Rhön
186 Rügen, Usedom, Hiddensee
206 Ruhrgebiet
149 Saarland
182 Sachsen
081 Sachsen-Anhalt
159 Schwarzwald Norden
045 Schwarzwald Süden
018 Spreewald, Lausitz
008 Stuttgart, Schwäbische Alb
141 Sylt, Amrum, Föhr
204 Teutoburger Wald
170 Thüringen
037 Weserbergland
173 Wiesbaden, Rheingau

Benelux
156 Amsterdam
011 Flandern, Brüssel
179 Niederlande

Frankreich
177 Bretagne
021 Côte d'Azur
032 Elsass
009 Frankreich Süden Okzitanien
019 Korsika
213 Normandie
001 Paris
198 Provence

Großbritannien/Irland
187 Irland
202 London
189 Schottland
030 Südengland

Italien/Malta/Kroatien
181 Apulien, Kalabrien
211 Gardasee
222 Golf von Neapel, Kampanien
163 Istrien, Kvarner Bucht
215 Italien, Norden
005 Kroatische Adriaküste
167 Malta
155 Oberitalienische Seen
158 Piemont, Turin
014 Rom
165 Sardinien
003 Sizilien
203 Südtirol
039 Toskana
091 Venedig, Venetien

Griechenland/Zypern/Türkei
034 Istanbul
016 Kreta
176 Türkische Südküste, Antalya
148 Zypern

Mittel- und Osteuropa
104 Baltikum
208 Danzig, Ostsee, Masuren
169 Krakau, Breslau, Polen Süden
044 Prag
193 St. Petersburg

Österreich/Schweiz
192 Kärnten
004 Salzburger Land
196 Schweiz
144 Tirol
197 Wien

Spanien/Portugal
043 Algarve
214 Andalusien
150 Barcelona
025 Gran Canaria, Fuerteventura, Lanzarote
172 Kanarische Inseln
199 Lissabon
209 Madeira
174 Mallorca
007 Spanien Norden, Jakobsweg
219 Teneriffa, La Palma, La Gomera, El Hierro

Skandinavien/Nordeuropa
166 Dänemark
212 Finnland
153 Hurtigruten
029 Island
200 Norwegen Norden
178 Norwegen Süden
151 Schweden Süden, Stockholm

Länderübergreifende Bände
223 Donau – Von der Quelle bis zur Mündung
112 Freiburg, Basel, Colmar
221 Kreuzfahrt in der Ostsee

Außereuropäische Ziele
183 Australien Osten, Sydney
109 Australien Süden, Westen
218 Bali, Lombok
195 Costa Rica
024 Dubai, Abu Dhabi, VAE
160 Florida
036 Indien
205 Iran
027 Israel, Palästina
111 Kalifornien
031 Kanada Osten
191 Kanada Westen
171 Kuba
022 Namibia
194 Neuseeland
041 New York
184 Sri Lanka
048 Südafrika
012 Thailand
046 Vietnam